Schöne Minzebeete

Minze – Frische in der Küche

Inhalt

SPEZIAL

So einfach werden Minzen aus Stecklingen oder Ausläufern vermehrt – Schritt für Schritt erklärt.

SPEZIAL

Wohlfühlen mit Minze: erfrischend und belebend. Genießen Sie Minze das ganze Jahr hindurch.

Vielseitiges
Kraut

Ein Minzetee am Morgen weckt die Lebensgeister und stillt den Durst. Ein Minzetee am Abend beruhigt den Magen und hilft bei der Verdauung. Ein kalter Minzetee im Sommer erfrischt, ein heißer im Winter wärmt die Glieder. Das alles nutzten schon unsere Vorfahren, wie das kleine Gedicht eines Pflanzenkenners zeigt:

„Die Minze kühlt den Kopf, der heiß,
Und wärmt den kalten Magen.
Sie birgt ein Feuer und ein Eis
Für unser Wohlbehagen.
Drum trägt zur Kirche in der Hand
Das Mägdlein sie im Wendenland."
(Aus der Geschichte der Pflanzenwelt des Pharmaziehistorikers Hermann Peters, 1848–1920)

Doch die Minze kann noch viel mehr als kühlen und wärmen. Als alte Heilpflanze wussten sie schon die Griechen zu schätzen und ihre Geruchs- und Geschmacksvielfalt ist schier unerschöpflich. Alle kulinarisch interessanten Minzesorten können Sie auch in Töpfen und Kübeln auf Balkon und Terrasse kultivieren. Sind sie zu üppig geworden, lassen sie sich leicht teilen. Mit selbst gezogenen Minzen aus Wurzelausläufern oder Stecklingen können Sie hübsche Töpfe als kleine Geschenke bepflanzen. Wer einmal von verschiedenen Minzen gekostet hat, wird davon nicht mehr lassen können und seine Küche mit immer neuen Kreationen bereichern.

Gestatten: Minze

Heilsame Kräfte

„Wer alle Kräfte, Arten und Namen der Minzen vollständig aufzählen kann, ebenso gut auch sagen könnte, wie viele Fische im Roten Meer schwimmen oder wie viel Funken der Ätna auswirft." (Walahfrid Strabo in „Hortulus", 9. Jhr.)

Voller ätherischer Öle

Die zahlreichen Arten und Sorten der Minze sind tatsächlich kaum aufzuzählen, dabei hat es im Mittelalter die erst seit 1696 bekannte Pfeffer-Minze (*Mentha x piperita*) noch gar nicht gegeben. Allerdings dürften damals die Anwendungen und beschriebenen Heilwirkungen der Minzen zahlreicher gewesen sein als heute.

Diese werden hauptsächlich den ätherischen Ölen (Menthol, Menthon, Menthofuran, Menthylacetat, Carvon, Pulegon, Limonen u.a.), Gerbstoffen und Flavonoiden zugeschrieben.

Minze als Medizin

Es scheint kaum eine Krankheit zu geben, bei der die Pflanze nicht hilfreich ist. Aufgrund der kühlenden Wirkung des Menthols verschafft sie bei vielen mit Fieber einhergehenden Beschwerden Linderung. Die leicht desinfizierende und krampflösende Wirkung ist wissenschaftlich nachgewiesen und wird auch heute noch genutzt. Besonders die Echte Pfeffer-Minze (*Mentha x piperita*) wird in großem Stil angebaut und zur Gewinnung von Pfefferminzöl genutzt. Es hilft vor allem gegen Entzündungen der Mundschleimhaut, bei Erkältungskrankheiten, bei Reizmagen sowie krampfartigen

In Klostergärten wurde Minze als Medizinalpflanze angebaut.

Beschwerden von Darm und Gallenwegen. Als Geruchs- und Geschmacksverbesserer findet Menthol aus Pfefferminze in vielen Kosmetikartikeln, in Zahnpasta und Kaugummi Verwendung. Das etwas bittere Minzeöl der Japanischen Minze (*Mentha arvensis* var. *piperascens*) ist als Chinesisches oder Japanisches Heilpflanzenöl bekannt. Es wirkt ähnlich wie Pfefferminzöl stark kühlend und erfreut sich zunehmender Beliebtheit als äußerlich angewendetes Mittel bei Kopf-, Muskel- und Nervenschmerzen. Es ist ebenfalls sehr wohlriechend und hat keinerlei nachteilige Nebenwirkungen!

SMART

Minze und Mythologie

› **Hades, der Gott der Unterwelt,** verliebte sich in die hübsche Nymphe Mintha. Seine Frau Persephone und deren Mutter Demeter töteten in ihrer Eifersucht die Nebenbuhlerin. In seiner Trauer verwandelte Hades seine Geliebte in eine wohlriechende Pflanze, die Wasser-Minze.

Minze sollte in keinem Garten fehlen, zumal sie dort viele Schädlinge vertreibt.

Heilsame Kräfte

Minze als Liebeskraut

Duftende Minze wurde lange Zeit als Aphrodisiakum in Badezusätzen, Speisen und Getränken benutzt. Als Liebesmittel trug der Bräutigam in der Antike einen Kranz aus Minze. In der gesamten alten Welt war sie ein Symbol für leidenschaftliche Liebe, was sie auch in der Blumensprache bis ins 14. Jahrhundert hinein blieb. Außerdem sollte die Minze den männlichen Samen stärken und sogar gegen Impotenz helfen. ●

Wilde Minzen

Alle Minzen gehören zur Familie der Lippenblütler (Lamiaceae/Labiatae), wie viele andere, in Europa hei- mische aromatische Kräuter, z. B. Thymian, Lavendel, Salbei und Rosmarin. Im Gegensatz zu den genannten Sonnenanbetern für trocke- ne Standorte bevorzugen Minzen jedoch halbschat- tige bis schattige und feuch- te Standorte sowie nährstoff- reichen und lockeren Boden. Hier bilden sie viele Ausläu- fer und können so dichte Bestände bilden. Die Stau- den ziehen im Herbst ober- irdisch ein und treiben im Frühjahr wieder aus. Die rotvioletten, rosafarbenen oder weißen Blütenstände erscheinen von Juli, August bis in den Oktober hinein und ziehen viele Insekten, besonders Schmetterlinge an. Minzen haben vierkan- tige, oft rötlich gefärbte Stängel und gegenständige, herzförmige bis längliche Blätter mit gesägtem Blatt- rand. Die ganze Pflanze duftet aromatisch, mehr oder weniger stark nach Menthol und anderen äthe- rischen Ölen.

▶ **Die Wasser-Minze** oder Bach-Minze (*Mentha aqua- tica*) wächst oft in dichten Beständen an feuchten Ufern von Gräben, Bächen und Teichen. Ihre quirl- artigen, rosavioletten Blü- tenstände sitzen an der Triebspitze und in den Blatt-

Wasser-Minze (Mentha aquatica) gedeiht in der Sumpfzone des Gartenteichs.

achseln der obersten Seiten-
triebe. Sie ist ähnlich aromatisch wie die Pfeffer-Minze
und kann wie diese als Tee
oder Gewürz verwendet
werden.

▶ **Die Acker-Minze** (*Mentha
arvensis*) riecht stark aromatisch, besonders wenn sie
an eher trockenen Stand-
orten wächst. Sie ist inzwi-
schen auch in verschiedenen
Sorten in den Tropen Asiens
heimisch und weltweit die
wichtigste Mentholquelle für
die Geschmackskorrektur
von Arzneien, Drogerie- und
Genussmitteln geworden.
Das Öl einer Sorte ist als
„Japanisches Minzeöl" im
Handel (nicht zu verwech-
seln mit dem süßlicheren
Pfefferminzöl), ein anderes,
sehr scharfes, als „Tigeröl".

▶ **Die Polei-Minze** (*Mentha
pulegium*) wurde früher als
Medizin verwendet, wirkt
jedoch in größeren Dosen
giftig. Deshalb sollte man
sie nicht mit der ähnlich
aussehenden Acker-Minze
verwechseln. Die niedrig
wachsende Sorte 'Penny
Royal' kann man als duftenden Bodendecker pflanzen
und damit im Nutzgarten
viele Schädlinge vertreiben.

▶ **Die Ross-Minze** (*Mentha
longifolia*) ist eine dekorative Wildart mit länglichen

Acker-Minze (Mentha arvensis) wächst auch auf feuchtem Ödland.

SMART

Tipp

› **Die Polei-Minze** (*Mentha pulegium*) vertreibt
auch im Haus zuverlässig
Insekten, bei Haustieren
im Körbchen oder Bade-
wasser sogar Flöhe.

behaarten Blättern und violetten Blütenständen, die
sich auch auf kalkhaltigen
wechselfeuchten Böden
wohlfühlt. Als wenig wu-
chernde Wildform oder in
diversen aromatischen Sorten ist sie als dekorative
Staude für den Garten und

Wilde Minzen

in Blumensträußen ebenso geeignet wie für die Verwendung in der Küche.

▶ **Die Rundblättrige Minze** (*Mentha suaveolens*) ist eine klassische Teepflanze mit geringem Mentholgehalt. Ihr Duft ist süß-aromatisch und erinnert an frische grüne Äpfel. In England wird sie auch 'Applemint' genannt, nicht zu verwechseln mit der deutschen Apfel-Minze (*Mentha* x *rotundifolia*). Von dcr Rundblättrigcn Minze, die sich besonders als Duftteppich im lichten Schatten unter Obstbäumen und -sträuchern eignet, gibt es eine attraktive Varietät mit weiß panaschiertem Laub, die **Ananas-Minze** (*Mentha suaveolens* 'Variegata'). Ihr herb-zitroniges Aroma erinnert an die Eberraute, der Geschmack an „Bitter Lemon".

▶ **Die Ährige Minze** oder **Grüne Minze** (*Mentha spicata*) ist eine verwilderte Kreuzung aus der Ross-Minze (*Mentha longifolia*) und der Ananas-Minze (*Mentha suaveolens*). Sie kann unterschiedlich aussehen, je nachdem zu welchem Elternteil sie tendiert. Ihre sattgrünen Stängel und Blätter, die immer spitz zulaufen, sind entweder glatt oder gekraust. Sie liebt halbschattige feuchte Standorte, wächst aber auch in sonnigen trockenen Lagen noch recht gut. Zusammen mit der Wasser-Minze (*Mentha aquatica*) hat sie den bekannten Bastard Pfeffer-Minze (*Mentha* x *piperita*) gebildet. Grüne Minze hat ein ganz eigenes, mentholarmes Aroma, das zum Aromatisieren von Zahncreme und Kaugummi verwendet wird. Die Geschmacksrichtung 'Spearmint' findet traditionell in der englischen Küche Anwendung und ist sehr magenfreundlich. Es gibt noch andere Sorten mit unterschiedlichem Aroma oder auch dunklem Laub. Eine natürliche, niedrig wachsende Varietät mit krausen Blättern ist die **Krause Minze** (*Mentha spicata* var. *crispa*), die es ebenfalls in mehreren Sorten gibt. Als Teepflanzen und zum Würzen sind sie in der orientalischen Küche sehr beliebt.

Eine Ausnahme unter den Minzen ist die **Korsische Minze** (*Mentha requienii*). Sie wird mit ihren winzigen runden Blättchen nur einige Zentimeter hoch. Sie liebt

Die Allerlei-Minzen (Mentha species-Gruppe)

Viele Minzen sind botanisch nicht genau zuzuordnen, da sie aus verschiedenen Kreuzungen von Wildformen und Hybriden entstanden sind bzw. immer neu entstehen.

Diese so genannten Allerlei-Minzen sind sehr vielgestaltig und für unterschiedliche Standorte geeignet.

Die Verwendungsmöglichkeiten der Allerlei-Minzen sind genauso beachtlich wie ihre Duft- und Geschmacksvielfalt: als Geruchsverbesserer, Erfrischung und Badezusatz, als Tee, Würzmittel für Drinks und Speisen. Einige erinnern dabei an andere Würzkräuter wie Basilikum oder Lavendel, andere an Früchte oder sie bringen ein fremdländisches Aroma in die Küche.

Korsische Minze (Mentha requienii), ein Winzling im Blumentopf

SMART

Tipp

› **Korsische Minze** gedeiht auch auf kleinstem Raum, z. B. im Balkonkasten. Wenn Sie das Gefäß im Winter hereinholen, kühl und hell stellen, können Sie lange von Duft und Geschmack des hübschen Zwerges profitieren.

Sonne bis Halbschatten und bevorzugt magere, aber feuchte Standorte. Als Südeuropäer aus dem Mittelmeerraum ist sie bei uns nicht ganz winterhart. Einige Zweige oder ein Vlies darüber gelegt schützt die Pflanze im Winter. In breiten Fugen von Terrasse oder Weg sät sie sich gerne selbst aus und bildet so einen begehbaren Duftpfad.

Man kann sie aber auch anstelle der beliebten Zimmerpflanze Bubiköpfchen in Töpfen an einem kühlen Ort ziehen und hat so das ganze Jahr hindurch die winzigen duftenden Blättchen mit ihrem kraftvollen Aroma zum Würzen zur Hand. Und dekorativ sind die hübschen kleinen Blätter der Korsischen Minze allemal. ●

Minze oder Nicht-Minze?

Wer sich mit Minzen be-
schäftigt, muss sich durch
vielerlei sprachliche Verwir-
rungen kämpfen. Nicht nur
echte Minzen (lateinisch
mentha) werden so genannt,
sondern auch andere, nach
Menthol duftende und
schmeckende Gattungen
tragen „-minze" im deut-
schen Namen, wie z. B. Katzenminze (*Nepeta cataria*),
Frauenminze (*Balsamita
major*) und Koreanische Minze (*Agastache rugosa*) auch
wenn sie im botanischen
Sinn keine Minzen sind.

Verwirrende Herkunft

Doch selbst wer zweifelsfrei
eine Minze vor Augen hat,
weiß noch lange nicht, um
welche Art es sich dabei han-
delt. Kaum eine Pflanzen-
gattung kreuzt sich untereinander so leicht wie die
Minzen, weshalb es eine
Vielzahl von Bastarden bzw.
Hybriden gibt. Manchmal
sind Hybriden am x zwi-
schen Gattungs- und Art-
namen erkennbar, oft haben
sie aber auch einen eigenen
Namen, der die Herkunft

bzw. den Bastard nicht
erkennen lässt. Selbst ver-
sierte Botaniker können an
der vielgestaltigen Gattung
verzweifeln, da sie mit
immer neuen spontanen
Kreuzungen überrascht.

Vielfalt durch Züchtung

Die bekannteste und in
der Medizin am häufigsten
verwendete Minze ist die
Pfeffer-Minze (*Mentha x
piperita*), ein vermutlich

SMART

Nomen est omen

> **In der Nomenklatur** hat
man sich schon lange auf
die lateinische Namens-
gebung mit vorange-
stelltem Gattungsnamen
(*Mentha*) und nachge-
stelltem Artnamen (z. B.
pulegium) geeinigt.

> **In der deutschen
Schreibweise** wird der
Gattungsname an zwei-
ter Stelle genannt und
(seit neuem) durch Bin-
destrich abgetrennt
(z. B. Ross-Minze), um
die Gattungszugehörig-
keit zu verdeutlichen.

Minzen überraschen mit den unterschiedlichsten Duft- und
Geschmacksnoten.

spontan entstandener Bastard aus Wasser-Minze (*Mentha aquatica*) und Ähriger Minze (*Mentha × spicata*). Bastarde oder Hybriden können sich mit anderen Minzearten bzw. -hybriden kreuzen, woraus verschiedengestaltige neue Bastarde entstehen, meist in mehreren unterschiedlichen Varietäten (z. B. var. *crispa*), die sich nicht nur in der Gestalt, sondern besonders in Geruch und Geschmack unterscheiden. Besonders attraktive werden vom Züchter mehrere Jahre lang vegetativ durch Ausläufer oder Stecklinge vermehrt, um eine Sortenreinheit zu gewährleisten. Andere werden bewusst gekreuzt und die Nachfahren werden auf Geschmack, Geruch, Krankheitsresistenz u. a. getestet. Eine erfolgreiche Kreuzung bekommt erst nach einigen Jahren Test einen neuen Sortennamen (z. B. 'Variegata'). Lässt man verschiedene Minze-Arten, -Varietäten und -Sorten im Garten blühen, kann man vermutlich. im nächsten Jahr neue Formen entdecken. Für Experimentierfreudige ist die Minze daher eine lohnende Pflanzengattung, zumal sie sich oftmals auch ihren

Gut sortierte Gärtnereien bieten eine große Auswahl unterschiedlicher Minzen an.

Standort selbst aussucht. Allerdings wird ihre Wanderfreudigkeit häufig überschätzt, was besonders die Pfeffer-Minze bei vielen Gärtnern in Verruf gebracht hat. Gut mit Kompost ernährt und an ausreichend feuchten Standorten, bleiben die meisten Arten und Sorten durchaus gerne an ihrem Platz. ●

Nicht-Minzen
im Porträt

Minzeähnlicher Duft und Geschmack ist auch bei anderen Pflanzen, die nicht zur Gattung der Minzen gehören, verbreitet. Für sonnige, trockene Plätze im Garten sind sie als Minzeersatz geeignet, auch wenn ihr Geschmack selten mit dem von Minzen konkurrieren kann.

In der älteren Kräuterliteratur werden oft auch andere Duftpflanzen als Minzen bezeichnet, so z. B. die Frauenminze (*Chrysanthemum balsamita*), die Katzenminze (*Nepeta cataria*) und die Bergminze (*Calamintha*). Auch wurden ihnen ähnliche Heilkräfte wie der Minze zugeschrieben. Botanisch sind sie aber mit der Gattung *Mentha* nicht verwandt, wie man am abweichenden lateinischen Gattungsnamen erkennen kann. Ihr Minzegeruch rührt daher, dass Menthol und andere ätherische Öle in den Blättern eingelagert werden, um die Pflanze vor Fraßfeinden, Bakterien und Pilzen zu schützen.

Die Katzenminze liebt sonnige, trockene und eher nährstoffarme Böden. Man kann sie gut zusammen mit anderen ausdauernden mediter-

ranen Kräutern wie Salbei, Lavendel und Thymian pflanzen. Ihr Aroma ist an vollsonnigen Standorten sehr intensiv und erinnert an Minze, Zitrone und Thymian. Statt der intensiv schmeckenden Blätter sollte man zum Würzen besser die weißen, rosaroten oder blauen Blüten verwenden. Zu Nudelgerichten, Gemüse und Fleisch, aber auch als Dekoration sind die Blüten hübsch und aromatisch. Die Blauminze wächst auch noch im Halbschatten zusammen mit einigen Minzearten, mit Berg-Bohnenkraut oder als Einfassung eines Kräuterbeetes. Sehr sonnenliebend und anspruchslos ist die Gattung *Calamintha*, deren Aroma schärfer und minzeähnlicher ist als das der Katzenminze. Die Blätter enthalten neben Menthol auch viel Kampfer und soll-

ten daher nur in geringen Mengen als Gewürz genossen werden.

Für normalen Gartenboden geeignet sind dagegen Koreaminze und Kammminze. Erstere ist eine dekorative winterharte Staude, die es in mehreren Sorten mit roten oder grünen Blättern und verschiedenen Blütenfarben gibt. Die Kammminze ist ein hübscher winterharter Halbstrauch, den man schön mit Stauden kombinieren kann. Beide eignen sich für aromatische Tees und zum Würzen oder Dekorieren von Süßspeisen.

Falls Sie auch Ihre sonnigen Gartenecken mit Minzearoma „würzen" wollen, können Sie auf eine reiche Auswahl an unterschiedlichen „Nicht-Minzen" in unterschiedlichen Wuchsformen, Blütenfarben und Aromen zurückgreifen.

Zitronen-Blauminze
Nepeta x *fassenii* ssp. *citriodora*

Diese hübsche Polsterstaude riecht und schmeckt erfrischend und aromatisch nach Minze und Zitrone.

▸ **Blüte:** Die violetten Blütenstände erscheinen von Mai bis September. Sie duften zusammen mit den Blättern nach Minze und Zitrone. Zum Würzen und Dekorieren eignen sich beide gleichermaßen.

▸ **Habitus:** Kompakt und breit wachsen die kleinen Horste bis 40 cm hoch. Als Begleitpflanze zu niedrigen Rosen, im Kräuterbeet, als Bodendecker und als Wegbegrenzung sieht sie sehr hübsch aus.

▸ **Standort:** An mageren, trockenen Standorten in der Sonne, z. B. Steingärten, Trockenmauern und Schotterbeeten, aber auch am Hausfuß und in Kübeln gedeiht sie besonders gut. Eine gute Dränage ist unerlässlich, damit die Wurzeln im Winter nicht faulen.

Gewöhnliche Katzenminze
Nepeta cataria

Katzen mögen ihren Duft besonders und wälzen sich gerne ausgiebig in den robusten Stauden.

▸ **Blüte:** Weiße, leicht rosa überhauchte kleine Blüten erscheinen von Juni bis Juli. Sie ziehen viele Insekten, besonders auch Schmetterlinge an. Ebenso wie das Laub duften sie aromatisch.

▸ **Habitus:** Die Pflanze bildet Horste von 40 bis 50 cm Höhe, wenn sie sonnig und trocken steht. Die kleinen Blätter sind graugrün, etwas filzig und matt. Rückschnitt nach der Blüte fördert die Polsterbildung.

▸ **Standort:** : An sonnigen, mageren und trockenen Plätzen breitet sie sich gerne aus. Auch in breiten Fugen auf der Terrasse, neben Treppen und Wegen und am Fuße einer Trockenmauer wächst die anspruchslose Wildstaude gut.

Bergminze
Calamintha cretica

Auch Steinquendel genannt

Duftender Dauerblüher aus Griechenland, der den mediterranen Steingarten optisch und kulinarisch bereichert.

▸ Blüte: In der Natur tragen alle Arten der Gattung kleine blassrosa Blüten, die von Juli bis September blühen. Ihr Duft lockt viele Insekten, besonders Hummeln und Schwebfliegen, an.

▸ Habitus: Die Pflanze bildet niedrige Polster von 10 bis 40 cm Höhe. Das Laub ist graugrün und behaart und duftet minzeähnlich, etwas herb und harzig nach Pinien.

▸ Standort: Wächst auf sonnigen, mageren und trockenen Standorten in den Spalten einer Trockenmauer, auf Schotterflächen, an Wegrändern und am trockenen Haus- oder Mauerfuß, bevorzugt kalkfreie Böden.

Hadriansminze/Römische M.
Calamintha spec.

Hybride unbekannter Herkunft

Bewährtes Heilmittel gegen Schlaflosigkeit, nervöse Anspannung, bei Verdauungsstörungen und Appetitlosigkeit.

▸ Blüte: Kleine, weißlich-blauviolette, wohlriechende Blüten von Juli bis September, die, ebenso wie die Blätter, sehr minzig schmecken. In Italien würzt und schmückt man damit zu Ostern Rühreier und Omeletts.

▸ Habitus: Die Pflanze wächst in kompakten Büschen 20 bis 50 cm hoch. Die kleinen, stumpfgrünen Blätter duften und schmecken hocharomatisch.

▸ Standort: Als Einfassungspflanze, an Wegrändern auf trockenen Freiflächen, als Begleitstaude zwischen hohen Beetstauden und in mediterranen Kräuterbeeten in sonnigen, trockenen Lagen sehr geeignet.

Koreaminze
Agastache rugosa

Für Tees und Süßspeisen eignen sich die Blätter dieser winterharten und dekorativen Stauden besonders gut.

▶ **Blüte:** Die dekorativen lilafarbenen Blüten erscheinen von Juli bis September. Sie duften nach Fenchel und Minze. Eine weißblühende Sorte heißt 'Alba'. Die Sorte 'Anisana' schmeckt nach Anis.

▶ **Habitus:** Aufrecht, 60 bis 80 cm hoch und buschig wachsend. Blätter sind ähnlich wie bei der Minze, aber glatter und mit auffälligen Blattnerven.

▶ **Standort:** In einem sonnigen Staudenbeet wächst die Pflanze problemlos auf normalem Gartenboden. Da sie nicht wuchert, ist sie sehr pflegeleicht. Zusammen mit Gräsern und gelb blühenden Stauden, z. B. der Anis-Goldrute (*Solidago odorata*), ist sie sehr dekorativ.

Kammminze
Elsholtzia stauntonii

Für aromatischen Tee, aber auch gehackt für Salate, Gemüse und Kräuterquarks eignen sich die Blätter mit ihrem kräftigen Minzearoma.

▶ **Blüte:** Die duftenden rosafarbenen Lippenblüten erscheinen in länglichen, rispenähnlichen Ähren von August bis Oktober, was die Pflanze auch für Insekten sehr wertvoll macht. Die Sorte 'Alba' trägt weiße Blütenstände.

▶ **Habitus:** Der mehrjährige, leicht verholzende Halbstrauch wird bis 120 cm hoch und wächst aufrecht mit leicht überhängenden Zweigen, ähnlich der Buddleja.

▶ **Standort:** In einem sonnigen, trockenen Staudenbeet auf magerem Gartenboden gibt sie einer Pflanzung Struktur und blüht im Herbst, wenn die meisten Stauden und Sommerblumen schon lange verblüht sind.

Pflegeleicht
und wuchsfreudig

Für spontane, kreative, flexible und aufgeschlossene Gartenbesitzer ist die Minze genau das Richtige. Sie ist pflegeleicht, überrascht mit selbst gesuchten Standorten und duftet inspirierend.

Alle Arten und Sorten der Gattung *Mentha* sind leicht zu pflegen. Gibt man ihnen im Herbst nach dem Zurückschneiden etwas Kompost, wachsen sie jedes Jahr von neuem üppig heran. Lediglich ihre Wanderfreudigkeit kann ein Nachteil sein, denn die ober- und unterirdischen Ausläufer erobern gerne neue Plätze im Garten, besonders, wenn die Pflanzen unter Wasser- und Nährstoffmangel leiden. Gegen Wurzelausläufer helfen nur Wurzelsperren von mindestens 30 cm Höhe, z. B. eingegrabene Plastikeimer mit Wasserabzugslöchern oder Betonringe. Die oberirdischen Ausläufer kann man dagegen leicht abschneiden und zur vegetativen Weitervermehrung nutzen. Lässt man verschiedene Minzen blühen, kreuzen sie sich untereinander. Zum Wuchern und Umherwandern neigen Minzen nur, wenn sie unter Nährstoffmangel leiden. Regelmäßige Kompostgaben halten sie also im Zaum.

◄ Dichte Wurzelballen können Sie einfach teilen. Sie werden auseinander gerissen, mit einem Messer durchgeschnitten oder mit einem scharfen Spaten geteilt. Der beste Zeitpunkt dafür ist September bis Oktober oder März bis April. Anschließend werden die Teilstücke wieder eingepflanzt und gut angegossen. Etwas Kompost oder Hornmehl im Pflanzloch fördert ein gesundes Wachstum.

▶ **Oberirdische Ausläufer**
können Sie ebenfalls zur Vermehrung nutzen. Bereits be-
wurzelte werden im September
abgeschnitten und in Töpfe mit
guter Blumen- oder Anzucht-
erde gesetzt. Ausläufer ohne
Wurzeln senkt man mit einer
Klammer ab oder beschwert
sie mit einem Stein, damit
sie Kontakt mit dem Boden
bekommen und Wurzeln bilden.
Dazu können Sie auch kleine
Blumentöpfe neben die Mutterpflanze stellen und die Ausläufer dort hinein absenken.
Sind sie gut eingewurzelt,
schneidet man die Verbindung
zur Mutterpflanze einfach
durch.

◀ **Blätter und Triebspitzen**
kann man ab Mai ernten.
Schneidet man die Triebe um
ein Drittel bis maximal zur
Hälfte ab, bilden sich immer
wieder neue. Erst beim letzten
Schnitt im September oder
Oktober, bevor sich die Blätter
verfärben, werden die Stängel
kurz über dem Boden abge-
schnitten. Auf die Stauden
gibt man anschließend etwas
Kompost und eine schützende
Decke aus Laub. So treiben
die Pflanzen im nächsten
Frühjahr wieder üppig aus.

Spezial

Pfeffer-Minzen

Zur Hybridgruppe Pfeffer-Minze gehören die bekanntesten und am häufigsten verwendeten Minzen.

Eine scharfe Gruppe

Die Pfeffer-Minze (*Mentha* x *piperita*), wurde erstmals 1696 von dem Engländer Ray (Raius) beschrieben. Sie ist ein Bastard aus Wasser-Minze (*Mentha aquatica*) und Ähren-Minze (*Mentha* x *spicata*). 1721 wurde die Pfeffer-Minze ins Arzneibuch der Stadt London aufgenommen und zur gleichen Zeit auch in Deutschland bekannt und vermehrt. Die echte Pfeffer-Minze ist eine sortenechte Kulturpflanze, die sich nur über

Stecklinge und Ausläufer vermehren lässt. Sie blüht und kann andere Minzen befruchten, bildet selbst jedoch keine Samen. Wegen ihres hohen Mentholgehalts wird die Pfeffer-Minze schon seit langem feldmäßig angebaut.

Neben den grünen gibt es auch Varietäten und Sorten mit dunklem Laub sowie neue resistente Sorten, die gegen den Rostpilz gefeit sind. Sie sind alle starkwüchsig, wenn sie einen feuchten, humusreichen und halbschattigen bis schattigen Standort bekommen. Alle Pfeffer-Minzen bilden gerne Ausläufer und haben ein scharfes Aroma, das im Mund kühlend wirkt. Bei Daueranwendung kann der hohe Mentholgehalt jedoch den Magen reizen.

Pfeffer-Minze
Mentha x *piperita*

Klassische Arzneipflanze

Ihr pfeffriges Aroma gab dieser Minze den deutschen und lateinischen Namen.

▸ **Beschreibung:** Die länglichen ährenartige Blütenstände mit hellrosa bis rosaroten Einzelblüten erscheinen von Juli bis September. Die sterilen Blüten werden gerne von Schmetterlingen besucht.

▸ **Standort:** In ausreichend feuchten Böden gedeiht die Pfeffer-Minze auch an sonnigen bis halbschattigen Plätzen.

▸ **Verwendung:** Als Tee bei zahlreichen Krankheiten empfohlen. Er wirkt schweißtreibend, krampflösend, verdauungsfördernd und appetitanregend. Für Kleinkinder und für den Dauergebrauch ist Pfeffer-Minze wegen des hohen Mentholgehalts nicht geeignet!

Thüringer Minze

Mentha x *piperita* var. *piperita* 'Multimentha'

Bewährte Teesorte

Auch für den Wegrand eines Duftpfades ist diese duftende robuste Staude gut geeignet.

▶ Beschreibung: Etwas gedrungene Scheinähre und rötlich-violette Blüten am oberen Drittel der Pflanze, die auch hübsch in der Vase, in einem bunten Strauß oder als Tischdekoration aussehen.

▶ Standort: Wie die Pfeffer-Minze im Halbschatten oder Schatten mit feuchter, humoser und lockerer Erde.

▶ Verwendung: Wie alle Pfeffer-Minzen als Tee, für Minzesoßen, als Gewürz an Salaten, Gemüse- und Fleischgerichten. Diese herrlich aromatische und für Mehltau wenig anfällige Züchtung löst zusehends die alte ehrwürdige Sorte 'Mitcham' als Teesorte ab.

Orangen-Minze

Mentha x *piperita* var. *citrata*

Frisches Fruchtaroma

Frische Fruchtaromen, die an Früchte von Ananas bis Zitrone erinnern.

▶ Beschreibung: Die Sorten der *citrata*-Gruppe (z. B. 'Eau-de-Cologne', 'Bergamott', 'Lemon') unterscheiden sich auch im Aussehen. Die Blätter sind länglich oder rundlich, grün bis rötlich, glatt oder gewellt.

▶ Standort: Alle Sorten wachsen gut an sonnigeren Standorten und vertragen gelegentliche Trockenheit.

▶ Verwendung: Sowohl für Minzetee als auch für Mischungen mit anderen Kräutern, für erfrischende Drinks mit und ohne Alkohol, als Gewürz für Salate und Süßspeisen oder als Duftstrauß und Badezusatz sind diese fruchtig-scharfen Minzen geeignet.

Schokoladen-Minze

Mentha x *piperita* var. *piperita* 'Chocolate Mint'

Samtig-süßer Mentholduft

Erinnerungen an „After-Eight-Plätzchen" oder Minzecreme werden geweckt.

▶ Beschreibung: Eine kompakte, bis 60 cm hoch werdende Staude mit glatten, grünen Blättern. Die Stängel färben sich im Herbst rötlich. Die violetten Blüten sind länglich, aber relativ kurz.

▶ Standort: Sie mag es feucht und halbschattig, eignet sich gut zum Verwildern und als Bodendecker.

▶ Verwendung: Für alle Süßspeisen, besonders solche aus Schokolade wie Mousse au chocolat, Schokoladenkuchen oder Kakaotrunk geeignet. Man lässt dazu einen Minzestrauß in der flüssigen heißen Schokolade ziehen oder mischt feingehackte Blätter unter.

Fruchtminzen

Hier stellen wir Ihnen einige hübsche Minze-Sorten mit kräftigem Fruchtaroma und geringem Mentholgehalt vor.

Fruchtig-frisches Aroma

In diesen Minzen überwiegen andere ätherische Öle und Menthol ist nur noch wenig vorhanden. Eine geringfügig andere Zusammensetzung der Aroma gebenden Inhaltsstoffe entscheidet, ob eine Minze nach Limonen, Äpfeln, Feigen, Trauben oder Erdbeeren riecht. Die Duftnote hängt aber auch vom Standort der Pflanze, der Bodenbeschaffenheit und Besonnung ab. Die meisten Fruchtminzen vertragen keine Staunässe und bevorzugen gut dränierte, magere und eher sonnige Standorte. Die Intensität der Duft- und Geschmacksnote ist hier meist größer als an gut gedüngten und nassen Standorten.

Hinzu kommt, dass die Duftwahrnehmung bei jedem Menschen recht unterschiedlich ist. Oftmals riechen die Blätter nicht genau wie das namengebende Obst, sondern rufen Assoziationen mit verschiedenen Früchten oder Fruchtspeisen hervor. Andere Sorten erinnern an bekannte Kräuter wie Basilikum oder Lavendel und lassen sich auch teilweise wie diese verwenden. Das führt zu immer wieder neuen Rezeptideen, die es sich auszuprobieren lohnt. So passt das würzige, leicht pfeffrige Aroma der Sorte 'Basilmint' ganz ausgezeichnet zu Tomaten mit Mozzarella, und das bereits im zeitigen Frühjahr, wenn Freiland-Basilikum noch lange nicht zu haben ist.

Limonen-Minze
Mentha 'Hillary's Sweet Lemon'

Süßeste aller Minzen

Die Auslese der amerikanischen Kräutergärtnerei Hillary besitzt ein ausgeprägtes Bergamotte-aroma.

▶ **Beschreibung:** Die hübschen langen, blau-violetten Blütenstände und die dichte Belaubung mit graugrünen schimmernden Blättern macht sie zu einer attraktiven, nur 20 bis 40 cm hohen Staude.

▶ **Standort:** Am halbschattigen Rand eines mediterranen Kräuterbeetes oder zwischen höheren Stauden.

▶ **Verwendung:** Für kalte Tees, Bowlen und Drinks ist diese mentholarme, süße Minze gut geeignet, aber auch für Desserts. Einer Orangenmarmelade verleiht sie unnachahmlichen Duft.

Feigen-Minze
Mentha 'Tomentosa'

Dessertminze

Saftige, süße Feigen – die duftende Minze erinnert an einen Obstmarkt im sonnigen Süden.

▶ Beschreibung: Eine niedrig bleibende, buschig wachsende Sorte von 30 bis 60 cm Höhe. Die weichen länglichen Blätter laden zum Anfassen ein und schimmern weiß, die violetten Blütenstände sind kurz.

▶ Standort: Eignet sich gut zur Bepflanzung von Rabatten und Duftpfaden, verträgt Sonne und leicht trockenen Boden.

▶ Verwendung: Sie passt gut in Obstsalate, Fruchtsoßen und über Eis gestreut. Ein Minzesorbet ist im Sommer erfrischend. Auch kalte Tees und Mixgetränke bekommen einen tollen Geschmack.

Riesen-Apfel-Minze
Mentha x *villosa* 'Hollandia'

Barocke Schönheit

Die größte und ausladendste aller Minzen, eine barocke Schönheit mit großen weichen Blättern.

▶ Beschreibung: Eine standfeste hohe Staude mit hellgrünen Blättern, die bis ein Meter hoch und breit werden kann. Die blassrosa Blüten hängen in Juli und August in großen Rispen etwas über.

▶ Standort: Im Hintergrund eine imposante Erscheinung. Sie verträgt Sonne, braucht dann aber feuchte Füße.

▶ Verwendung: In Apfeltee, Apfelkompott und Apfelgelee verbreitet sie ihr zartes Aroma. Kleingehackt schmecken die Blätter auch in Pfannkuchen oder Waffeln. Gibt jedem Blumenstrauß barocke Fülle.

Erdbeer-Minze
Mentha x *spicata* var. *crispa* 'Strawberry'

Neue Duftnote

Erinnert mit ihrem Duft an Erdbeeren und passt auch in den kleinsten Garten oder im Blumentopf auf die Terrasse.

▶ Beschreibung: Sehr kleine, nur bis 30 cm hohe kompakte, aber aufrecht wachsende Staude. Die Blätter sind sehr klein, die rosa-violetten Blütenstände länglich. Sie bildet keine oberirdischen Ausläufer.

▶ Standort: Sie wächst gerne im Halbschatten, aber auch an sonnigen, eher trockenen Standorten.

▶ Verwendung: Die frischen Blättchen mit Erdbeeren mischen und mit wenig Zucker kurz durchziehen lassen. Sie passen auch in eine Erdbeerbowle, an Erdbeereis oder in Erdbeermarmelade.

Teeminzen

A lle auf dieser Seite vorgestellten Minzen sind ausgezeichnet für Tees geeignet und echte Muntermacher für morgens und zwischendurch.

Erfrischender Trinkgenuss

Diese Teeminzen sind weniger scharf als Pfeffer-Minze und bekömmlicher für den Magen. Sie eignen sich daher besonders für das regelmäßige Trinken und für Kinder. Trotz geringem Mentholgehalt haben sie ein unvergleichliches Minze-Aroma, weshalb man sie auch gut zum Mischen mit anderen Teepflanzen verwenden kann. So werden z. B. in Nordafrika und der Türkei Minzen mit Schwarztee gemischt. Sie können aber auch jeden Heiltee mit Minze aromatisieren und auf diese Weise angenehmer und frischer schmecken lassen. Kalter Minzetee schmeckt auch sehr gut, ob gesüßt oder ungesüßt. Und zusammen mit Fruchtsäften ergeben sich unzählige Möglichkeiten für gesunde Getränke. Zwar duftet die Apfel-Minze nicht nach Äpfeln (sie erhielt ihren Namen nach der an Apfellaub erinnernden Blattform), aber sie passt zusammen mit einem Spritzer Zitrone sehr gut zu klarem Apfelsaft. Sogar mit Rotwein wurde Minzetee schon gemischt und für unvergleichlich gehalten. Probieren Sie es einfach selbst aus!

Die hier beschriebenen Teeminzen sind nur eine kleine Auswahl besonders aromatischer und vielseitiger Pflanzen aus der Fülle der Minzen. Da sie unterschiedliche Standorte bevorzugen, müsste sich in jedem Garten ein Fleckchen für sie finden lassen. Die Sorte 'Kentucky-Spearmint' lässt sich sogar in einem hellen, kühlen Raum überwintern. Die Blätter kann man laufend ernten, wenn man die Pflanze immer wieder auf 20 cm Höhe herunterschneidet.

Grüne Minze/ Ährige Minze
Mentha spicata

Klassischer engl. Minzetee

Aus dieser sattgrünen Schönheit wird auch die berühmte englische Minzesoße gerührt.

▶ **Beschreibung:** Dicht und buschig wachsende breite Staude bis etwa 50 cm Höhe mit glänzendem, sattgrünem Laub, Blütenstände rot-violett.

▶ **Standort:** Diese Minze mag es halbschattig bis schattig und feucht mit humosem, neutralem bis leicht saurem Boden.

▶ **Verwendung:** Für Tee, Minzesoße und Minze-Apfelgelee. Dazu lässt man einen Strauß Minze im Saft gepresster Äpfel mit etwas Weinessig über Nacht ziehen, bevor man den Apfelsaft zu Gelee kocht. Vor dem Abfüllen gehackte Minzeblättchen einstreuen.

Apfel-Minze

Mentha x *rotundifolia*

Samtig duftend

Auch Bastard-Ross-Minze genannt, mit geringem Wanderdrang und Apfelduft.

▶ **Beschreibung:** Die schlanke hohe Staude mit festen Stielen wächst aufrecht bis 60 cm hoch mit großen runden und hellgrünen Blättern.

▶ **Standort:** Verträgt auch Sonne, braucht dort aber viel Wasser. Im halbschattigen Staudenbeet sehr dekorativ.

▶ **Verwendung:** Als fruchtige Tee-Minze besonders auch für Kinder geeignet. Als kalter Tee, „Eistee", zusammen mit Fruchtsaft oder anderen Teepflanzen und für Drinks eignet sich das feine Fruchtaroma. Feingehackt passt sie zu Obstsalaten, Eis und als Sorbet.

Marokkanische Minze

Mentha spicata var. *crispa* 'Marokko'

Süßer Tee aus Nordafrika

Allein oder mit Schwarztee gemischt eine erfrischende Delikatesse aus Afrika.

▶ **Beschreibung:** Buschige Staude von 30 bis 60 cm Höhe mit lindgrünen, spitzovalen und rauen Blättern sowie weißen Blütenständen.

▶ **Standort:** Halbschattig und feucht, auch in trockenem Klima und als Unterpflanzung gut geeignet. Nicht ganz frostfest; braucht einen geschützten Platz und eine dicke Laubdecke im Winter.

▶ **Verwendung:** Als Tee hat sie einen süßen, etwas rauchigen Geschmack. Man lässt die Minzeblätter 5 bis 8 Minuten zusammen mit Schwarztee und Zucker ziehen.

Kentucky-Spearmint-Minze

Mentha x *cordifolia* 'Kentucky'

Mildes Kaugummi-Aroma

Teegenuss fürs ganze Jahr bietet diese Kreuzung ungeklärter Herkunft.

▶ **Beschreibung:** Wächst aufrecht bis 90 cm hoch mit glatten, ovalen und grasgrünen Blättern und großen blasslila bis weißen Blütenähren.

▶ **Standort:** Mag absonnige feuchte Standorte, wächst auch gut im großen Kübel und im kühlen Wintergarten.

▶ **Verwendung:** Der milde Tee mit Spearmint-Aroma ist sehr bekömmlich, da ohne Menthol. Fein gehackte Blätter können auch zum Würzen von Süßspeisen (z.B. Quark mit Vanille und Honig sowie Schokoladenpudding) verwendet werden. Ernte auch im Winter möglich.

Schmuck-minzen

Diese Minzen sind mit ihrer schönen Wuchs-form und panaschiertem oder buntem Laub sowie schönen Blütenständen besonders dekorativ.

Augen- und Gaumenschmaus

Die Schmuckminzen neigen nicht zum Wuchern und vertragen auch sonnige Standorte, wenn der Boden feucht genug ist. Zusammen mit Stauden und anderen Teekräutern kann man mit ihnen schöne Beete bepflanzen. Aber auch am Heckenrand oder als Unterpflanzung von Gehölzen sind alle diese Schmuckminzen gut geeignet.
Die Blätter schmecken als Tee und Gewürz in verschiedenen Speisen. Die Zweige sehen in Blumensträußen sehr dekorativ aus und bewahren das Blumenwasser

lange vor Bakterien. Es gibt panaschierte weiß- oder gelbbunte Sorten, aber auch rot- und silberblättrige. Die Blütenstände sind wie bei allen Minzen weiß, rosa oder violett gefärbt und bei vielen Insekten wie Schwebfliegen, Hummeln und Schmetterlingen im Spätsommer sehr beliebt.
Besonders dekorativ ist die Sorte 'Buddleja' mit ihrer überhängenden Wuchsform. Sie passt in einen weißen Garten ebenso wie zwischen Rittersporn und Glockenblumen. Die Ingwer-Minze mit ihrem gelbbunten Laub ist besonders hübsch am Rand eines Beetes oder einer Treppe. Wer es lieber weißbunt mag, pflanzt die Ananas-Minze in den lichten Schatten, einen hübschen Blumenkübel oder Balkonkasten. Die Rotblättrige Minze ist zwar wuchsfreudig, neigt aber nicht zum Wuchern und bringt Farbe in jedes Schattenbeet.

Silber-Minze
Mentha longifolia 'Buddleja'

Silberne Schönheit

Eine duftende Sorte für den Nachtgarten, da sie das Silberlicht des Mondes spiegelt.

▶ **Beschreibung:** Wird nur bis 60 cm hoch, erinnert an den Sommerflieder (*Buddleja*), der auch Namensgeber war.

▶ **Standort:** Gedeiht auf normalem, auch leicht verdichteten und lehmigem Gartenboden und ist damit ein idealer Rosenbegleiter, passt aber auch zu blau blühenden Stauden.

▶ **Verwendung:** Wer das etwas harzige fruchtige Aroma mag, kann daraus einen Tee machen oder die Blätter mit anderen Minzen mischen. Gehackt schmecken sie gut zu Cocktails und Früchten, besonders zu heißen Himbeeren oder Kirschen. Auch für ein Duftbeet sehr geeignet.

Ingwer-Minze
Mentha x *gentilis*
'Variegata'

Ingwerfarbene Diva

Eine schwach wachsende Ausnahme unter den Minzen, die Winterschutz benötigt.

▸ Beschreibung: Kleinwüchsig, maximal 40 cm hoch mit gelbgrünen (ingwerfarbenen) Blättern mit gelben Blattrippen.

▸ Standort: Braucht einen geschützten Standort mit durchlässigem Boden und guter Dränage, damit sie den Winter übersteht. Etwas Winterschutz ist sehr empfehlenswert.

▸ Verwendung: Das exquisite Menthol-Aroma erinnert an „Eau de Cologne" und wirkt sehr erfrischend. Als Dekoration für Bowlen und Cocktails sind die Blättchen sehr dekorativ. Fruchtdesserts bekommen mit dem Laub eine aromatische Note. Ihr Name bezieht sich nur auf die Blattfarbe!

Rotblättrige Minze
Mentha x *smithiana*
'Rubra'

Raripila-Minze genannt

Dunkelrote Stängel und grüne Blätter machen diese Kreuzung zu einer seltenen Schönheit.

▸ Beschreibung: 60 bis 80 cm hohe Kreuzung aus Feld- (*M. arvensis*), Wasser- (*M. aquatica*) und Grüner Minze (*M. spicata*).

▸ Standort: An feuchten Plätzen in Halbschatten bis Schatten gedeiht sie gut. Als Unterpflanzung von Gehölzen bildet sie dichte bodendeckende Teppiche.

▸ Verwendung: Geruch und Geschmack erinnern mit den mentholhaltigen Blättern mehr an Wasser-Minze. Die Rotblättrige Minze eignet sich gut zum sparsamen Würzen und zum Dekorieren, aber auch als Aufguss oder Tee. Unterdrückt als Bodendecker jegliches Unkraut.

Ananas-Minze
Mentha suaveolens
'Variegata'

Weißbunter Blattschmuck

Diese panaschierte Sorte ist ein besonders dekorativer Glücksfall der Züchtung.

▸ Beschreibung: Die schwach wachsende Staude wird höchstens 50 cm hoch und neigt nicht zum Wuchern.

▸ Standort: Diese Minze mag es, wie alle panaschierten Pflanzen, lieber etwas heller. Ihr Laub setzt hübsche helle Akzente im lichten Schatten im Kübel oder einer Blumenampel.

▸ Verwendung: Das herbe Laub schmeckt als Tee nach „Bitter-Lemon". In Fruchtbowlen oder Cocktails, aber auch in Obstsalaten sehr zu empfehlen. Die Zweige sehen sehr schön in kleinen dicken Sträußen, z. B. zusammen mit dunkelgrünen Minzen oder Buchszweigen aus.

Schöne Minzebeete

Minzebeete anlegen

Wenn die Wanderfreude mancher Minzen kein Problem für Sie und Ihren Garten darstellt, können Sie verschiedene Arten und Sorten bunt durcheinander pflanzen und einfach abwarten, was passiert. Sollen die Minzepflanzen ein gepflegtes Staudenbeet ergänzen, kann es dagegen sinnvoll sein, sich über Wurzelsperren Gedanken zu machen.

Eine einfache und preiswerte Wurzelsperre sind große Eimer oder Kunststoffkübel mit Abzugslöchern oder ohne Boden von mindestens 12 Liter Volumen. In die Lücken zwischen den Kübeln kann man andere Teestauden wie Zitronen-Melisse oder Anis-Goldrute sowie Stauden, Sommerblumen und Horstgräser pflanzen. Anschließend bedeckt man das Beet und die Ränder der Wurzelsperren mit Mulchmaterial. Platzieren Sie die hohen Arten nach hinten, die niedrigeren und buntlaubigen nach vorne und stecken Sie die Pflanzenschildchen dazu. Sind die Minzen nach einigen Jahren zu groß geworden, kann man sie ganz einfach aus dem Kübel holen und mit dem Spaten oder einem Messer teilen. Zusammen mit frischer Erde und Kompost werden die Teilstücke wieder in die Eimer gepflanzt.

Das passende Plätzchen

Die meisten Minzen fühlen sich an halbschattigen Plätzen wohl, einige auch im tiefen Schatten. Sie bevorzugen lockeren, nährstoffreichen und feuchten, neutralen bis leicht sauren Boden, sind aber ansonsten sehr anspruchslos. Ein normaler Gartenboden ist meist völlig ausreichend. Einen verdichteten lehmigen Boden mischt man vor der Pflanzung mit etwas Sand und Kompost. Je mehr Kom-

Kanalringe aus Beton als Wurzelsperre

> **Tipp**
>
> › **Auch im Nutzgarten** machen sich Minzen nützlich. Sie vertreiben wirkungsvoll Ameisen, Erdflöhe und Kohlfliegen aus den Beeten. Sicherlich schrecken Minzen auch noch andere Insekten ab oder verwirren sie durch ihren starken Duft.

post Sie geben, desto üppiger wachsen die Pflanzen und desto weniger wandern sie. Eine Mulchdecke aus Kompost, Grasschnitt, Rindenmulch oder Holzhäcksel hält die Feuchtigkeit im Boden und düngt ihn zugleich.

Gut zugänglich

Auf eine gute Dränage kann man bei vielen wuchsfreudigen Minzen verzichten. Wählen Sie den Ort aber so, dass Sie sich jederzeit einige Blätter oder Zweige für die Küche holen können. Ein Beet im schattigen Vorgarten ist dafür ebenso gut geeignet wie vor einer Gartenmauer, unter einem Baum oder neben der Gartenhütte. Sind die Minzen neben einen Weg oder eine Treppe gepflanzt, kann man den Duft bei jedem Vorbeigehen genießen.

Buntes Beet mit Minze

Die Feinde der Minze

Rotgefleckte Blätter weisen auf den Minze-Rostpilz hin. Hier hilft nur radikales Abschneiden der Triebe und Vernichtung derselben. Meist treiben die Minzen wieder gesund aus, wenn man ihnen etwas Kompost gönnt.

Gegen den Minzekäfer kann man nichts unternehmen, nur seine hübsche blaugrün schillernden Farben und seine Mentholresistenz bewundern. Blätter mit Fraßspuren kann man weiterhin ernten und genießen.

Sonniges Teebeet

Für Liebhaber gesunder Kräutertee ist dieses Beet genau das Richtige. Hier wachsen vier sehr dekorative Minzen, die es auch in der Sonne aushalten, zusammen mit anderen schönen und aromatischen Teepflanzen direkt an der Terrasse auf 2 bis 3 Quadratmetern Beetfläche.

Setzen Sie die höheren Pflanzen in den Hintergrund, die niedrigeren nach vorne in normalen Gartenboden mit etwas Kompost. Einige zum Terrassenbelag passende Trittplatten im Beet erleichtern die Ernte, halten die Feuchtigkeit im Boden und sehen dekorativ aus. Die hier verwendeten Minzen wuchern kaum. Nach einigen Jahren müssen die Stauden geteilt werden. Der Boden sollte jährlich mit etwas Kompost angereichert werden.

Minzen und andere Stauden richtig verwenden

Die Karoo-Minze ist eine sehr dekorative Minze mit langen schmalen Blättern und strahlend weißen Blütenrispen. Kentucky-Spearmint heißt die fruchtige Teeminze, die man bis weit in den Herbst ernten kann. Die Raripila-Minze duftet so prickelnd-fruchtig, dass sie zu den ausgefallensten Rezepten anregt. So kann man aus dieser rotblättrigen Minze auch erfrischende Sorbets machen. Die Ananas-Minze ist eine attraktive weißbunte Sorte der Apfel-Minze. Ihr herbes Zitronenaroma erinnert an Eberraute. Für Tees und Kräuterbowle mit Bitter-Lemon-Geschmack

Die dekorative Koreaminze (Agastache rugosa 'Korean Zest') *ist eine aromatische Teepflanze, aber keine echte Minze!*

Minzen und dekorative Teestauden in einem sonnigen bis halbschattigen Beet an der Terrasse.

eignet sie sich hervorragend. Der Muskateller-Salbei ist eine imposante, wohlriechende Staude. Auch die Blätter und Blüten der Anis-

Goldrute, der Koreaminze und des Chinesischen Gewürzstrauchs ergeben einen aromatischen Tee und können mit Minze und anderen Teekräutern gemischt werden. Die Samen des Rotlaubigen Fenchel ergeben einen milden, magenfreundlichen und beruhigenden Tee, können aber auch als Gewürz für Brot, Gebäck und Suppen verwendet werden. Die Blätter werden feingehackt und frisch oder getrocknet wie Dill verwendet. ●

SMART Tipp

› **Wer Ausläufer** unbedingt verhindern möchte, kann die Pflanzen auch in große Plastikkübel setzen und diese im Beet eingraben.

Minzen

– Karoo-Minze (*Mentha longifolia* ssp. *capensis*)
– Kentucky-Spearmint-Minze (*Mentha* × *cordifolia* 'Kentucky')
– Raripila-Minze (*Mentha smithiana* 'Rubra')
– Ananas-Minze (*Mentha suaveolens* 'Variegata')

Andere Teestauden

– Muskateller-Salbei (*Salvia sclarea*)
– Anis-Goldrute (*Solidago odora*)
– Rotlaubiger Fenchel (*Foeniculum vulgare* 'Rubrum')
– Koreaminze (*Agastache rugosa* 'Korean Zest')
– Chinesischer Gewürzstrauch (*Elsholtzia stauntonii*)

Anregendes Duftbeet

Besonders erquickend sind Duftpflanzen, wenn man sie im Sitzen oder Vorbeigehen genießen kann. An Treppen, auf Mauerkronen und in Hochbeeten hat man ihren aromatischen Duft fast auf Nasenhöhe und braucht sich für die Ernte kaum zu bücken. Die vorgestellten Hochbeete aus Betonkanalringen sind besonders pflegeleicht und kostengünstig. Hier wachsen vier verschiedene Minzen zusammen mit anderen aromatischen Duftstauden im Halbschatten auf etwa 2,5 Quadratmetern. Man kann die Hochbeete mit Gartenabfällen, Sand und Erdresten füllen, nur die obersten 30 cm sollten humusreich und feucht sein. Die höheren Stauden werden in den Hintergrund bzw. die Mitte des Beetes gepflanzt, die niedrigeren nach vorne. Der hübsche anspruchslose Kaskaden-Thymian hängt über den Beetrand und verdeckt ihn dekorativ, während er aromatisch duftet.

Tipp

> **Die beiden** Polei-Minzen eignen sich nicht für Tee, da sie schwach giftig wirken. Sie vertreiben aber viele lästige Insekten aus ihrem Umkreis.

Minzen und andere Stauden richtig verwenden

Die beiden Polei-Minzen bedecken den Boden, vertreiben Schadinsekten, duften aromatisch und sind eine optische Bereicherung der Hochbeete. Zum Verzehr sind sie allerdings nicht geeignet. Mit den beiden Pfeffer-Minzen und den übrigen Pflanzen dieser Beete können Sie aromatische Tees brauen und üppige Duftsträuße zusammenstellen. Auch für die Küche eignen sie sich, so z.B. die 'Nana' für einen bekömmlichen Kräuterlikör zusammen mit Anissamen, Fenchel und Kümmel. Die Pfälzer Pfefferminze ist eine bewährte alte

Der hübsche Kaskaden-Thymian (Thymus longicaulis) duftet betörend.

Ob rund oder eckig, freistehend oder angelehnt: Hochbeete sind pflegeleicht und bringen Duftpflanzen auf Nasenhöhe.

und gegen den Minzerost resistente Teeminze. Frauenminze und Monarden eignen sich für aromatische Tees, die am besten gemischt mit anderen Teekräutern schmecken. Probieren Sie einfach Ihre Lieblingsmischung aus!

Der Turiner Meister liebt Sonne und kann wie sein schattenliebender Verwandter, der Waldmeister, zum Aromatisieren von Bowle verwendet werden. Mit dem Kaskaden-Thymian lassen sich viele mediterrane Speisen würzen. Er schmeckt ähnlich wie andere Thymian-Arten und passt sogar in kleine Balkonkästen und Blumenampeln.

Minzen

- Weiße Cervina-Polei-Minze
  (*Mentha pulegium* ssp. *cervina*)
- Teppich-Polei-Minze
  (*Mentha pulegium* 'Nanum')
- Pfälzer Pfeffer-Minze
  (*Mentha* x *piperita* var. *officinalis pallescens*)
- Pfeffer-Minze 'Nana'
  (*Mentha* x *piperita* var. *piperita* 'Nana')

Andere Duftpflanzen

- Kaskaden-Thymian
  (*Thymus longicaulis*)
- Turiner Meister
  (*Asperula taurina*)
- Menthol-Monarde
  (*Monarda menthaefolia*)
- Indianernessel
  (*Monarda*-Hybr. 'Squaw')
- Frauenminze (*Tanacetum balsamita* bzw. alter Name: *Chrysanthemum balsamita*)

Aromatisches Kräuterbeet

In einer sonnigen bis halb-schattigen Ecke des Nutz- oder Kräutergartens, zum Verdecken des Kompost-platzes, als Mischkultur zwi-schen Salat und Gemüse oder unter Obstbäumen können Minzen und andere aromatische Kräuter bunt durcheinander wachsen. Sie bereichern zusammen mit den anderen Küchenkräu-tern nicht nur den Speise-zettel, sondern halten auch den Nutzgarten gesund. Im Herbst schneidet man sie einfach ab und lässt das Kraut als Mulchdecke liegen, wenn man es nicht für Tee trocknen möchte. Gelegent-liches Bodenlockern schadet den Kräutern nicht, da sie genügend Ausläufer bilden, um immer wieder neu aus-zutreiben. Auch andere Küchenkräuter wie Franzö-sischer Schnittlauch, Wie-sen-Kerbel, Französischer Estragon, Borretsch und Sauer-Ampfer passen in dieses Beet.

Der Echte Eibisch (Althaea offi-cinalis) ist eine alte, dekorative Bauerngartenpflanze.

> **SMART** **Tipp**
>
> › **Minze verträgt** sich ein-zig und allein nicht mit der Echten Kamille (*Ma-tricaria recutita*), wirkt hingegen positiv auf alle anderen Küchenkräuter und Nutzpflanzen und hält vielerlei Schadinsek-ten von ihnen fern.

Minzen und andere Stauden richtig verwenden

Aus den vier Minzen lassen sich nicht nur edle Tees zubereiten, sie bereichern auch diverse pikante und süße Speisen, wie ihr Name verrät. Die Thailändische Minze passt hervorragend zu süß-sauren, scharfen und pikanten asiatischen Gerich-ten sowie zu fantasievollen Drinks. Orangen- und Ber-gamott-Minze aromatisie-ren mentholarm Tees und Fruchtgetränke sowie Obst-salate. Die Schoko-Minze passt passt sehr gut zu Scho-koladentorte, Mousse au chocolat, Milchmix-, Kakao- und Kaffeegetränken. Der Tee aus Wurzeln, Blät-ter und Blüten des Echten Eibisch ist als Heilmittel bei Entzündungen der oberen Atemwege und der Magen-schleimhaut bekannt (nicht zu verwechseln mit Hibis-kustee!). Seine rosafarbenen oder weißen Blüten sind ess-bar und zugleich dekorativ auf dem Teller. Die gehack-ten Blätter von Garten-Kres-se und Wiesenknopf berei-

In einer Gartenecke mit Obstbaum wachsen Minzen und andere aromatische Gewürzstauden harmonisch vereint. Sie halten Garten und Gärtner gesund!

chern Kräutersoßen, -quarks und -dips. Der Ligurische Wermut würzt in minimalen Dosen fetten Braten und hilft dabei, ihn zu verdauen. Wermut sollte häufig verwendet werden, damit der Verdauungsapparat gesund bleibt. Er würzt auch Pestos, Butter, Gemüsesuppen und andere fette Speisen. ●

Minzen:
– Thailändische Minze (*Mentha* 'Thai Bai Saranae')
– Orangen-Minze (*Mentha* x *piperita* var. *citrata* 'Citrata')
– Bergamott-Minze (*Mentha* x *piperita* var. *citrata* 'Bergamott')
– Schokoladen-Minze (*Mentha* x *piperita* var. *piperita* 'Chocolate Mint')

Andere Kräuter:
– Echter Eibisch (*Althaea officinalis*)
– Ligurischer Wermut (*Artemisa vulgaris* var. *ligusticus*)
– Ausdauernde Garten-Kresse (*Lepidium latifolium*)
– Großer Wiesenknopf (*Sanguisorba officinalis*)

Dekoratives Staudenbeet

An einer halbschattigen Hauswand säumt dieses Beet einen Weg und erfreut beim Vorbeigehen jeden mit seinem Duft. Sowohl die attraktiven Minzen als auch die anderen Duftstauden bereichern nicht nur optisch den Garten, sondern auch kulinarisch den Speisezettel. Lässt man sie blühen, ziehen sie viele Insekten, besonders Schwebfliegen und Schmetterlinge an. Normaler Gar-

tenboden mit etwas Kompost ist für dieses Beet völlig ausreichend. Lediglich unter dem Dachüberstand und für die Engelwurz sind zusätzliche Wassergaben nötig. Eine Mulchdecke aus hübschen Steinen oder Kies verhindert, dass Erde an die Hauswand bzw. auf den Weg spritzt, bis die ausbreitungsfreudige Taubnessel die Bodenbedeckung übernommen hat.

Minzen und andere Stauden richtig verwenden

Alle Minzen eignen sich hervorragend für Tees, aber auch als Würzkraut und Dekoration sind die hübschen Pflanzen geeignet. Die Hemingway-Minze soll der Dichter zusammen mit dem legendären Mojito-Rum regelmäßig in seiner Lieblingsbar auf Kuba genossen haben. Die Thüringer Pfeffer-Minze ist eine herrlich aromatische Teesorte mit kräftigem Wuchs. Fruchtig und besonders süß schmeckt die Süße Limonen-Minze, weshalb sie sich besonders gut für kalten Tee, Drinks und Desserts eignet. Ebenso die Silber-Minze, eine Schönheit mit samtig weichen, silbrig-weißen Blättern und fruchtig-harzigem Duft. Ihre Blüten sind sehr dekorativ und auch essbar. Selbst mit den kleinen süßen Blüten der Taubnessel kann man Speisen optisch und kulinarisch aufwerten. Die Schafgarbe ist ein altes Heil- und Würzkraut und galt lange Zeit als „Kamille des

Zitronen-Melisse (Melissa officinalis) und Ringelblume (Calendula officinalis) ergänzen sich harmonisch.

Dieses Staudenbeet an der Hauswand sieht nicht nur hübsch aus, es duftet auch und liefert zudem viele gesunde Kräuter zum Würzen und Aromatisieren.

armen Mannes". Die Engel-wurz ist eine duftende, dekorative Staude. Sie erlebt derzeit als Heilkraut, zum Würzen und als gesundes Gemüse eine Renaissance.

Engelwurz-Stängel können auch mit Zucker kandiert werden. ●

SMART Tipp

> **Alle Blüten** in diesem Beet ziehen Schweb-fliegen, Hummeln und Schmetterlinge an, die besonders gerne den Nektar der Lippenblüten saugen.

Minzen:
- Hemingway-Minze (*Mentha* 'Nemorosa')
- Süße Limonen-Minze (*Mentha* 'Hillary's Sweet Lemon')
- Thüringer Pfeffer-Minze (*Mentha x piperita* 'Multimentha')
- Silber-Minze (*Mentha longifolia* 'Buddleja')

Andere Stauden
- Echte Engelwurz (*Angelica archangelica*)
- Süße Schafgarbe (*Achillea ageratum*)
- Zitronen-Melisse (*Melissa officinalis*)
- Weiße Taubnessel (*Lamium album*)

Pflegeleichtes Schattenbeet

Selbst im Schatten unter Laubgehölzen wachsen Minzen dicht und üppig. Hier ist ihr Ausbreitungsdrang willkommen, sollen sie doch den Boden bedecken und einen pflegeleichten grünen Teppich bilden. Eine humose feuchte Erde ist die einzige Voraussetzung, die Sie dafür schaffen müssen. Um die Konkurrenz der Gehölzwurzeln für die ersten Monate auszuschalten, legt man unter flach wurzelnden

Gehölzen eine dicke Lage Zeitungspapier oder Pappen aus. Dies verhindert, dass die Gehölze in das neue Substrat einwurzeln und den Minzen gleich Konkurrenz machen. Auf die Papierschicht streut man erst eine dünne Schicht Hornspäne und füllt dann eine Mischung aus Erde und Kompost etwa 15 cm hoch auf. Dort hinein setzt man schließlich die Minzen und die anderen Schattenstauden.

Eine schützende Laubdecke im Winter schadet ihnen nicht, sondern fördert das Wachstum der duftenden Bodendecker. Wer von ihnen letztlich die Fläche dominiert, hängt von vielerlei Faktoren ab und kann von Jahr zu Jahr variieren. Im Spätsommer oder Herbst werden die Pflanzen einfach mit dem Mäher oder von Hand abgeschnitten. Das Kraut kann man für die Küche trocknen, liegen lassen oder als Mulchdecke im Gemüsegarten verwenden.

Minzen und andere Stauden richtig verwenden

Grüne und Marokkanische Minze sind die bekanntesten Teeminzen. Pflanzt man sie in einer Gartenecke unter Gehölzen, müssen sie um Wasser und Nährstoffe kämpfen und wachsen nur langsam. Die scharfe Japanische Tigeröl-Minze bildet niedrige duftende Teppiche. Die gelb-panaschierte Ingwer-Minze braucht etwas mehr Licht, verträgt auch

Die Japanische Tigeröl-Minze (Mentha arvensis var. piperita) *riecht wie Pfeffer-Minze.*

Unter einem einzeln stehenden Gehölz,
einer Gehölzgruppe oder vor der Hecke bereichern
Minzen und andere Bodendecker den Garten.

etwas Trockenheit und wuchert kaum. Am Rande der Pflanzung sieht sie besonders hübsch aus und kann dort für Tee leicht geerntet werden.

Der aromatische Waldmeister hat in diesem Beet nur eine Chance, weil er schattenverträglicher ist und früh austreibt und blüht, bevor die Minzen und der weiß panaschierte Giersch das Beet bedeckt haben. Als delikates Gemüse ist letzterer genauso essbar wie sein wilder Verwandter, wuchert aber nur schwach. Nach dem Giersch blühen Gewöhnliche

Gundelrebe (auch als Gundermann bekannt) und Pfennig-Gilbweiderich, deren Blätter und blaue bzw. gelbe Blüten essbar und ein hübscher Schmuck auf Salaten sind. ●

SMART Tipp

> **Der weiß panaschierte** Giersch wuchert nicht so stark wie sein wilder Verwandter, kann aber ebenso als delikates und gesundes Gemüse gegessen werden.

Minzen:
– Grüne Minze (*Mentha spicata*)
– Marokkanische Minze (*Mentha spicata* var. *crispa* 'Marokko')
– Ingwer-Minze (*Mentha* x *gentilis*)
– Japanische Tigeröl-Minze (*Mentha arvensis* var. *piperascens*)

Andere Stauden:
– weiß panaschierter Giersch (*Aegopodium podagraria* 'Variegata')
– Waldmeister (*Galium odoratum*)
– Gewöhnliche Gundelrebe (*Glechoma hederacea*)
– Pfennig-Gilbweiderich (*Lysimachia nummularia*)

Stecklingsvermehrung –
ganz einfach

Hat Ihnen eine Minze im Garten und in der Küche gefallen, sollten Sie sich einige Stecklinge schneiden, denn nur die vegetative Vermehrung garantiert Ihnen eine sortenreine Pflanze mit der gleichen Duft- und Geschmacksnote.

Minzen lassen sich einfach in Töpfen ziehen und leicht vermehren. Selbst in großen Balkonkästen wachsen und blühen sie üppig bis in den Herbst. Als Substrat eignet sich gute Blumenerde oder ein selbst gemischtes Substrat aus je einem Drittel lehmiger Erde, Kompost und Sand. Am besten eignen sich große Plastiktöpfe oder Eimer, die man in dekorative Übertöpfe stellt. Letztere brauchen kein Wasserabzugsloch, denn fast alle Minzen lieben feuchte Füße. Im Winter hebt man den Plastiktopf einfach heraus und gräbt ihn in einer Gartenecke ein. Man kann die Töpfe aber auch auf der Terrasse oder dem Balkon zusammenrücken und mit Stroh, Schilfmatten oder Noppenfolie einpacken. Wer seine Blumentöpfe oder Kräuterkübel aus Platzgründen nicht überwintern kann, zieht sich einfach immer wieder neue Ableger aus Stecklingen oder Ausläufern.

① ◄ **Die etwa 6 cm** langen Stecklinge werden von April bis August mit einem Messer unterhalb eines Blattpaares abgeschnitten. Man streift die unteren Blätter bis auf das oberste Blattpaar ab. Wer möchte, kann die Stängel in Bewurzelungspulver stecken, das die Wurzelbildung anregt. Danach steckt man die Triebe in ein mit einem Stäbchen vorgebohrtes Loch in Anzuchtplatten, Eierschachteln oder kleine Töpfe mit einem Gemisch aus Sand und Kompost im Verhältnis 3 : 1.

▶ **Nach dem** vorsichtigen Überbrausen der getopften Stecklinge deckt man sie mit einer Haube, Folientüte oder einem Glas ab und stellt sie an einen hellen, aber schattigen Platz. Die Stecklinge werden nun 2, maximal 3 Wochen lang feucht gehalten. Minze fault aufgrund der antibiotischen Wirkung der ätherischen Öle nicht, sodass man nicht mit Wasser sparen muss.
Statt der Triebe kann man auch oberirdische Ausläufer abschneiden und genauso wie die Stecklinge für die Weitervermehrung verwenden.

2

3

◀ **Die Abdeckung** wird alle paar Tage kurz geöffnet. Nach etwa 2 bis 3 Wochen können die bewurzelten Stecklinge in eine nährstoffhaltigere Erde (z. B. Blumenerde oder Kompost-Sand-Gemisch im Verhältnis 3 : 1) in größere Töpfe umgetopft werden. Hier benötigen sie keine Abdeckung mehr, aber viel Wasser. Nach weiteren 3 bis 4 Wochen haben die Pflänzchen einen kompakten Wurzelballen gebildet. An einem bewölkten Tag kann man sie jetzt in einen Balkonkasten, einen Kübel oder in ein Beet ins Freiland setzen.

Spezial

Minze – Frische in der Küche

Ein besonderer Geschmack

Mit Minze können Sie jedem noch so einfachen Gericht eine außergeöhnliche Note verleihen. Das Minzearoma sollte dabei jedoch nicht dominieren, sondern das Essen in einen erfrischenden Duft hüllen und ihm eine besondere Geschmacksnote geben. So bekommen auch einfache Speisen eine exotische Anmutung.

Die Nase isst mit

Da Menthol leicht flüchtig ist, wird man es beim Essen zuerst riechen. Gut auf das Essen abgestimmt, unterstreichen die Öle und Geschmacksstoffe der Minze das Eigenaroma oder rufen beim Genießer Assoziationen mit Frische, Kühle oder verschiedenen Früchten hervor. Diese vielfältigen Gedankengänge beim Riechen und Schmecken von verschiedenen Minzen regen dabei immer wieder zu neuen Rezeptideen an.

Lassen Sie Ihrer Fantasie freien Lauf und probieren Sie einfach immer mal wieder etwas Neues aus. Ein Essen verderben können Sie mit Minze niemals!

Minze in Speisen und Getränken

Aufgüsse aus frischen oder getrockneten Blättern und ganzen Trieben	Heiß als magenfreundlicher Heiltee, gekühlt als erfrischendes Getränk. Gemischt mit anderen Teekräutern oder Obstsäften.	Mit kochendem Wasser übergießen und 5 bis 10 Minuten ziehen lassen. Danach abseihen oder ganzen Stängel herausnehmen.
Auszüge von frischen ganzen Blättern oder Trieben	Zum Aromatisieren von Schnäpsen, Likören, hellem Essig und Öl. Zum Mitkochen für Gelees, Konfitüren und Chutneys.	3 bis 5 Stängel in die durchsichtige Flasche geben und einen Tag bis eine Woche bei Licht ziehen lassen. Zum Klären der Flüssigkeit abseihen oder Stängel entfernen.
Fein gehackte oder gerebelte Blätter	Zum Aromatisieren von Mixgetränken, Salat- und Kräutersoßen, Dips, Salaten, Obstsalaten, Eis, Schokoladendesserts. Für Schokoladenkuchen im Teig mitbacken.	Blätter fein hacken oder wiegen oder zusammen mit den anderen Zutaten in einem Mörser zerreiben oder in den Mixer geben. Nicht mitkochen, sondern nur für kalte Speisen verwenden!
Grob gehackte oder ganze Blätter und Blüten	Zum Würzen von rohen und gekochten Speisen, zum Dekorieren von Getränken, Salaten, Platten, Meeresfrüchten, Süßspeisen.	Die gehackten Blätter erst gegen Ende des Kochens dazugeben oder danach über das Essen streuen. In kalten Speisen, Salatsoßen und Drinks einige Stunden ziehen lassen.

▶ **Gewürze mit Minze aromatisieren** Im Winter hat man keine frische Minze zur Hand. Wollen Sie nicht auf getrocknete oder eingefrorene Minzeblätter zurückgreifen, können Sie sich Gewürze auf Vorrat herstellen. In Salz, Zucker oder Olivenöl bleibt die Minze lange haltbar.

▶ **Minze-Salz** Frische, fein gehackte Minzeblättchen (z. B. die geschmacksintensive Pfälzer Pfeffer-Minze) im Verhältnis 1:1 mit dem Salz mischen und gut verschlossen aufbewahren.

▶ **Minze-Zucker** Ganze Blätter (z. B. von der Marokkanischen Minze) werden in Lagen abwechselnd mit dem Zucker geschichtet und 10 Tage an einem dunklen kühlen Ort gelagert. Den Zucker kann man vor Gebrauch

Minzearoma in Likör, Essig und Öl wirkt appetitanregend.

zusammen mit den Minzeblättchen mahlen oder man entfernt die Blätter. Zum Aromatisieren von Tee gießt man den heißen Grün- oder Schwarztee darüber.

▶ **Minze-Pesto** 1 Tasse natives Olivenöl wird mit 1 Tasse gehackten Nüssen, Mandeln oder Pinienkernen, 1 Tasse Basilikum und 1/2 Tasse Minze (z. B. Krause Minze) sowie 1/2 bis 2 Zehen Knoblauch, je 1/2 TL Salz und grünem Pfeffer in einem Mixer solange zerhackt, bis das Öl vollständig von den Nüssen aufgesogen ist. Zu Salaten, Gemüse und Spagetti, aber auch als Brotaufstrich gut geeignet. Man kann es etwa 6 Wochen lang gut verschlossen im Kühlschrank aufbewahren.

▶ **Minze-Essig** Minzestängel so in die Essigflaschen stecken, dass man ihn wieder herausziehen kann. An einem hellen Ort 10 bis 15 Tage ziehen lassen und den Stängel dann entfernen. Am besten eignet sich heller Balsamiko- oder Apfelessig mit fruchtbetonter Minze.

▶ **Minze-Sirup** 3 Tassen Zucker in einer Tasse Wasser erwärmen und auflösen. Die gehackten Blättchen von etwa einem Minzestängel dazugeben und 5 Minuten sieden lassen. Nach dem Abkühlen durch ein feines Sieb in saubere Flaschen füllen und verschließen. Zum Würzen von Obstsalat, Eis, Milch oder für eine erfrischende Minzelimonade eignet sich dieser lange haltbare Sirup. ●

SMART

Tipp

› **Mengenangaben** für Tees und zum Würzen unterscheiden meist nicht zwischen frischem und getrocknetem Kraut. Zerkleinerte frische Minzeblätter haben zwar mehr Volumen, getrocknet hat das Kraut aber an Würzkraft eingebüßt.

Pikante Gerichte

Beim Kochen mit Minze müssen Sie sich nicht auf fremdländisches Essen umstellen. Denn auch die übliche bodenständige Küche schmeckt mit ein wenig Minze gewürzt überraschend leicht und frisch.

Bei Fleisch- und Fischgerichten kann man ganze Minzezweige mitbraten oder schmoren. In Fleisch, Fisch und Soßen dringen die Aromastoffe tief ein und verbinden sich mit den Fetten. Beim Kochen mit Wasser verflüchtigt sich das Menthol hingegen leicht. Mit etwas frischer gehackter Minze, die man vor dem Servieren über das Gericht streut, kann man das typische Minzearoma wieder herstellen.

Fisch mit Sommergemüse

für 2 Personen

- ▸ 2 Rotbarsch- oder Seelachsfilets
- ▸ 1 Aubergine
- ▸ 1 Gemüsezwiebel
- ▸ 2 Tomaten
- ▸ 2–4 Stängel fruchtbetonte Minze
- ▸ 1 EL Olivenöl
- ▸ Zitronensaft
- ▸ Salz, Pfeffer

1 Den Fisch waschen, trockentupfen, mit etwas Zitronensaft einreiben und ziehen lassen. Das Gemüse waschen und in mundgerechte Stücke schneiden.

2 Zwiebel, Paprika und Aubergine in Olivenöl anbraten, danach Tomaten, Salz, Pfeffer und Minze zufügen und bei geschlossenem Deckel 5 Minuten dünsten lassen. Währenddessen Fischfilets abtrocknen, mit Salz und Pfeffer würzen und in das Gemüse legen. Mit geschlossenem Deckel weitere 5 Minuten dünsten.

3 Minzezweige entfernen. Die Soße nach Wunsch mit etwas Tomatenmark andicken. Mit frischen Minzeblättchen garniert servieren. Dazu passt Reis oder Weißbrot.

Rotbarschfilet mit Sommergemüse und Minze

Erbsensuppe mit Minze

für 4 Personen

- 2 Zwiebeln
- 80 g Sauerrahmbutter
- 750 Tiefkühlerbsen
- 750 ml kräftige heiße Brühe
- 150 g süße Sahne
- 1–2 EL Zitronensaft
- 3 EL Minzeblätter, in Streifen geschnitten
- Salz, Pfeffer
- ganze Minzeblättchen zum Garnieren

Heiß und frisch: Erbsensuppe mit Minze

1 Die feinen Zwiebelwürfel in der Butter glasig dünsten, Erbsen zufügen und kurz weiterdünsten. Die heiße Brühe aufgießen und 15 Minuten kochen lassen.

2 Ca. 6 EL Erbsen herausnehmen und die Suppe mit dem Pürierstab pürieren.

3 Mit Salz, Pfeffer und Zitronensaft würzen und die Sahne unterrühren. Danach weitere 3 Minuten köcheln lassen.

4 Zuletzt mit den ganzen Erbsen und der Minze mischen und mit ganzen Minzeblättchen garniert servieren.

Minzesoße für Lammbraten

Dazu zerkleinert man 2 Hände voll Pfeffer-Minzblätter, übergießt sie mit 2 Tassen kochendem Wasser und rührt anschließend 1 EL Honig unter. Die Mischung mindestens eine Stunde ziehen lassen und das gewürzte, krustig angebratene Fleisch im Backofen im Bräter bei 180 Grad etwa alle 10 Minuten damit begießen. Vor dem Servieren die Bratensoße mit Wein- oder Balsamico-Essig und Salz nach Geschmack würzen. Weniger zeitaufwändig, dafür ohne Kruste und bekömmlicher gelingt der Lammbraten im Römertopf. Hier gibt man die Soße direkt zum gewürzten Fleisch.

Tipps

› **Ein Minzezweig** im Kochwasser von Kohl vertreibt den unangenehmen Kochgeruch.

› **Minze am Gemüse** wie zu Bohnen, Erbsen, Kartoffeln und Spargel ergibt eine erfrischende pikante Geschmacksnote. Auch dazu gibt man einen Zweig einfach mit ins Kochwasser.

Salate und Vorspeisen

Minze verleiht vielen stark gewürzten oder schweren Gerichten Leichtigkeit und macht sie besser verdaulich. Fettes Fleisch und gekochtes Gemüse mit Olivenöl profitieren davon ebenso wie kalte Speisen mit Knoblauch oder Zwiebeln. So bekommt z. B. griechisches Tsatsiki mit gehackten Minzeblättchen eine frische Note, spanische Gazpacho, französische Ratatouille und arabisches Taboulé sind mit gehackter Minze besonders köstlich und aromatisch.

SMART Tipps

> **Zwiebel- und** Knoblauchgeruch nach dem Essen wird von Minze erfolgreich verdeckt, wenn man einige Blättchen kaut.

> **An vielen Salaten** und Soßen kann man Minze sogar anstelle von Zwiebeln oder Knoblauch verwenden. So vermeidet man nach dem Essen peinliche Folgen und bekommt zudem einen frischen Atem.

Griechischer Salat

für 4–6 Personen
> 1 Salatgurke
> 2–3 Tomaten
> 1–2 gelbe Paprikaschoten
> 3–4 EL schwarze Oliven
> 1/2 Gemüsezwiebel
> 200–250 g Feta-Käse
> 1–2 EL heller Balsamico-Essig
> 4 EL natives Olivenöl
> 1/2 TL schwarzer Pfeffer
> 3–4 EL grob gehackte und ganze frische Minzeblätter

1 Das Gemüse waschen und putzen, die Gurke schälen und alles in gleich große, mundgerechte Scheiben oder Würfel schneiden.
2 Den Feta-Käse in kleine Würfel schneiden und dazugeben.
3 Den Salat mit Essig, Öl, Pfeffer und Minze mischen und mit Oliven und ganzen Minzeblättern dekorieren.

Auberginen mit Zwiebel-Minze-Aufstrich

als Vorspeise für 4–8 Personen
> 4 kleine Auberginen
> 125 g Sauerrahmbutter, zimmerwarm
> 5 Frühlingszwiebeln
> 8–10 Stängel Minze
> 1 TL Paprikapulver
> 1/2 TL Kreuzkümmel, gemahlen
> Salz, Pfeffer

1 Auberginen der Länge nach in 1 cm dicke Scheiben schneiden und auf dem Grillrost im Backofen bei mittlerer Hitze 10 bis 15 Minuten garen, dabei einmal wenden.
2 Butter mit dem Schneebesen ca. 5 Minuten lang schaumig rühren.
3 Frühlingszwiebeln in feine Ringe, Minzeblättchen in feine Streifen schneiden und die Kräuter mit der Butter und den Gewürzen mischen.
4 Die warmen Auberginen mit der Minzebutter bestreichen und zusammen mit Weißbrot servieren.

Variante
Für eine Auberginencreme kann man die Früchte auch in Hälften etwa 20 Minuten lang im Backofen unter dem Grill garen, muss sie aber vorher mit einer Gabel anstechen! Das herausgelöffelte Fruchtfleisch pürieren und mit der Butter mischen.

Marinierte Zucchini mit Minze

Pikante gebratene Auberginen mit Minzebutter.

als Vorspeise für 4–8 Personen

- ▸ 1 kg Zucchini
- ▸ 3 Frühlingszwiebeln
- ▸ 100 ml natives Olivenöl
- ▸ Saft von 3 Orangen
- ▸ 1 Tasse zerkleinerte Pfeffer-Minzeblätter
- ▸ 10 Koriandersamen
- ▸ Salz, Pfeffer

1 Die Zucchini mit Schale in kleine Würfel und die Zwiebeln in feine Ringe schneiden.
2 Zusammen mit dem Olivenöl, Orangensaft und

Koriander bissfest garen und anschließend mit Salz und Pfeffer abschmecken.
3 Das abgekühlte Gemüse in eine Schüssel geben, mit der Minze bestreuen und einige Stunden im Kühlschrank durchziehen lassen. Dazu passt Taboulé oder Weißbrot.

Fingerfood mit Minze

Die kleinen Häppchen dürfen als Vorspeise oder zu Getränken gereicht auf keiner Party mehr fehlen. Mit

SMART

Tipp

- ▸ **Bieten Sie** Ihren Gästen zum Fingerfood eine große Glasschale mit Wasser und darin schwimmenden Minzezweigen und Zitronenvierteln an, damit sie sich zwischendurch stilvoll und „minzig" die Finger reinigen können.

Minze gewürzt schmecken sie lange frisch, mit Minze dekoriert sieht alles appetitlicher aus.

Desserts und Getränke

Beim Würzen von Süßspeisen lassen Sie Ihrer Fantasie einfach freien Lauf. Besonders kalte Obstsalate, Schokoladendesserts und Mixgetränke bekommen durch Minze einen exotischen Duft und Geschmack und erfrischen damit noch einmal so gut.

Fruchtsalate erhalten mit Minze das gewisse Etwas.

Fruchtdesserts

Geruch und Geschmack der Minzesorten mit Früchten im Namen passen besonders gut zu den gleichnamigen Früchten, aber auch zu gemischten Fruchtsalaten und Cocktails. Sie heben und ergänzen das Aroma, sodass man eine größere Fruchtvielfalt und Fruchtreife schmeckt. Lassen Sie kleine ganze oder große grob gehackte Blätter eine Weile im Fruchtsalat ziehen. Man kann aber auch ganze Zweige in die Schüssel geben und nach einer Stunde wieder herausnehmen.

Schokoladendesserts

Für eine leichte Mousse au Chocolat mischen Sie einfach fein gehackte Minze, am besten die gleichnamige Schokoladen-Minze, vor dem Abkühlen unter und verzieren das Dessert mit Blättern, Triebspitzen oder Blüten. Für einen Schokoladenkuchen etwa einen Esslöffel feingehackte Minze unter den Teig mischen. Hier eignen sich auch Sorten mit viel Menthol, da es sich im Backofen teilweise verflüchtigt.

SMART

Tipp

› **Kalten Kakao** sollte man im Sommer besser mit Minze statt mit Rum würzen. Die Minzeblättchen im Mörser zusammen mit dem Zucker zerreiben oder Kakaopulver, Zucker, Minze und Milch in den Mixer geben. Das Getränk eine Weile kalt stellen und ziehen lassen.

Minze-Kaffee

für 4 Personen
- 9 gehäufte TL gemahlener Kaffee
- 8 Tassen kochendes Wasser
- 4 Zweige mentholbetonte Minze (z.B. Pfeffer-Minze)
- 1/2 Vanilleschote
- 4 Schaschlikspieße
- 4 Strohhalme
- flüssige Sahne
- Zucker
- Minzeblätter und Früchte zum Dekorieren (z. B. Orangenschnitze, Sternfrucht, Erdbeeren)

1 Die fein gehackten Minzeblättchen mit dem Kaffeepulver und dem Vanillemark in die Filtertüte geben und wie üblich aufbrühen.

2 Den Kaffee in hohe Gläser füllen und mit den Strohhalmen, Minzeblättern und Früchten dekorieren. Die Sahne und den Zucker dazu reichen.

Variante

Eine köstliche Abwandlung für den Sommer ist Eiskaffee mit Minze: Hierzu den Kaffee mit der Minze kalt stellen und mit Vanilleeis und Minzezweigen als Dekoration servieren.

Kalte Getränke

Kalte Fruchtgetränke, fruchtige Longdrinks und Cocktails gewinnen fast immer mit etwas Minzegeschmack. Für Longdrinkliebhaber hier eine berühmte Spezialität aus Kuba, die durch den Schriftsteller Ernest Hemingway, der sie regelmäßig genoss, berühmt wurde:

Mojito

für 4 Personen

› 12 cl Limettensaft
› 8 cl Zuckersirup
› 24 cl weißer Rum
› etwas Soda
› Eiswürfel
› 20–30 Minzeblätter
› 4 Minzezweige
  (stilecht mit Hemingway-Minze)

Doppelter Muntermacher: Kaffee mit Minze

1 Limettensaft, Zuckersirup und Minzeblätter in ein Glas geben.
2 Minzeblätter mit dem Stößel etwas zerdrücken.
3 Rum dazugießen und mit Eiswürfeln auffüllen.
4 Alles mit einem Schuss Soda abspritzen und mit dem Barlöffel etwas verrühren.
5 Mit dem Minzezweig garnieren und mit Trinkhalm servieren.

Tipps

› **Menthol wirkt** im Mund kühlend, sodass alle Speisen und Getränke einige Grade kälter und somit erfrischender wirken, als es der gemessenen Temperatur entspricht.
› **Viele Minzen** schmecken so süß, dass man bei kalten Tees, Erfrischungsgetränken und Desserts den Zucker ganz oder teilweise einsparen kann.

Die Wellness-Pflanze Minze

Die kühlende Wirkung des Menthols macht die Minze zu einer idealen Wellness-Pflanze. Ob eingeatmet, im Badewasser oder in der Körperlotion, Sie werden sich anschließend immer erfrischt und belebt fühlen.

So kann man jedes beliebige Duschgel mit einigen Tropfen Pfefferminz- oder Minzeöl in eine wohltuende Erfrischung verwandeln. Manchmal reicht aber schon ein Arm- oder Fußbad mit etwas Minzeöl im kühlen Wasser. Da sich das Öl in kaltem Wasser schlecht verteilt, eignet sich hier ein Aufguss aus frischer oder getrockneter Minze besser. Aber auch einige Minzezweige im Wasser entfalten ihre kühlende Wirkung. Wer kein Wasser zur Verfügung hat, reibt sich einfach die Unterarme mit einem Zweig frischer Minze ab.

Kühlen mit Minze

Genauso wohltuend und erfrischend ist das Einölen oder Eincremen mit Minzeöl nach dem Baden oder Duschen. Dazu versetzt man einfach Körperöl oder -lotion mit einigen Tropfen Minzeöl und schüttelt es gut durch. Probieren Sie die Mischung erst mit wenigen Tropfen aus und steigern Sie dann die Konzentration, bis sich die gewünschte Kühlwirkung entfaltet.

Das Öl der Japanischen Tigeröl-Minze ist als „Tigerbalsam" gegen Kopfschmerzen schon lange bekannt. Eine kleine Menge auf die Schläfen gerieben kühlt und verengt die Blutgefäße. Danach aber unbedingt die Finger waschen, denn das Öl darf nicht in die Augen gelangen!

Die ätherischen Öle der Minze erfrischen und beleben.

Bei stumpfen Verletzungen wie Blutergüssen und auf Insektenstichen wirkt das kühlende Menthol schmerzlindernd. Eine feuchte Kompresse mit Minzeöl oder zerquetschten Minzeblättern hat eine langanhaltende kühlende Wirkung. Ein erhitztes, geschwollenes oder von der Sonne verbranntes Gesicht kann man mit einer Quarkmaske mit etwas Minzeöl oder zerriebenen Minzeblättern kühlen und straffen.

Minze in der Nase

Bekannt ist, dass Menthol, wohl wegen seiner durchblutungsfördernden Wirkung auch bei Gedächtnisschwäche hilft. Minzezweige im Kaminfeuer und im Staubsaugerbeutel, Minzeöl in der Duftkerze und im Saunaaufguss sowie Minzetee im Zimmerbrunnen oder Luftbefeuchter beleben nicht nur den Geist, sondern vertreiben auch schlechte Gerüche.
In der Aromatherapie wird die Minze als kühlende, erfrischende und stimmungsaufhellende Pflanze verwendet. Sie vertreibt düstere Gedanken und stimmt optimistisch.

Minze im Fußbad fördert die Durchblutung der Beinvenen.

 **SMART** Tipps

› **Ein Minzeaufguss** im warmen Badewasser soll ein äußerst wirksames und erprobtes Mittel gegen mangelndes Lustempfinden sein (besonders, wenn man das Bad gemeinsam genießt!).

› **Selbst ein** zuckerfreier Minzekaugummi wirkt belebend und zugleich verdauungsfördernd. Da er außerdem die Zähne reinigt, ist er eine gute Alternative zum Kaffee und zum Zähneputzen nach dem Mittagessen.

Spezial

Gesundheit mit Minze

Für gesunde Tees kommen die meisten Minzearten und -sorten in Frage. Welche Sie alleine oder als Mischung bevorzugen, hängt ganz von Ihren geschmacklichen Vorlieben ab.

Tees für Magen und Darm

Wohl am bekanntesten ist der Pfefferminztee. Er wirkt appetitanregend sowie krampflösend bei Magen- und Darmbeschwerden, regt die Gallensekretion an, wirkt so verdauungsfördernd und verhindert Blähungen. Übergießen Sie einen Zweig oder ein bis zwei Esslöffel frische oder getrocknete Blätter mit 150 bis 200 ml kochendem Wasser und lassen Sie den Tee 5 bis 10 Minuten zugedeckt ziehen. Dann gießt man die Mischung durch ein Sieb oder entfernt den Zweig. Minzetee schmeckt heiß, warm oder kalt, mit oder ohne Zucker serviert gleichermaßen gut und erfrischend. Minze verbessert aber auch den Geschmack vieler anderer Heiltees, z. B. Birken-, Brombeer-, Brenn-

nessel- und Schwarztee. Schon lange wird Minze als Tee, Sirup oder Likör erfolgreich bei Reisekrankheit und bei Übelkeit in der Schwangerschaft angewendet. Bei Husten und Bronchialasthma soll Minzetee krampflösend wirken. Allerdings muss von einer Anwendung am Abend abgeraten werden, denn Minze wirkt anregend und belebend. Bei entzündeter Mundschleim-

haut, Halsschmerzen und geschwollenen Rachenmandeln wirkt ein Gurgelwasser aus kaltem Minzetee, aber auch ein Minzebonbon oder Minzeeis kühlend und abschwellend.

Inhalieren bei Erkältung

Bei Erkältungskrankheiten mit geschwollener Nasenschleimhaut ist ein Dampf-

Wohlschmeckende Tee-Mischungen mit Minze

Zwei-Kräuter-Mischungen	Kamille mit Apfel-Minze Majoran mit Pfeffer-Minze Zitronen-Verbene mit Grüner Minze Schwarztee mit Nane-Minze Grüntee mit Bergamott-Minze
Mehr-Kräuter-Mischungen	Grüne Minze, Apfel-Minze, Orangen-Minze Grüne Minze, Salbei, Zitronen-Melisse Grüne Minze, Katzenminze, Kamille, Majoran
Anti-Stress-Mischung	Minze, Kamille, Katzenminze, Baldrianwurzel oder Hopfenzapfen mit Honig
Mentholarmer Kindertee (Minzen einzeln oder gemischt verwenden)	Süße Limonen-Minze Apfel-Minze Orangen-Minze

Minzetee ist wohlschmeckend und gesund.

bad mit Minze ein bewährtes Hausmittel. Inhaliert fördert Menthol die Durchblutung der Schleimhäute und wirkt desinfizierend. Dazu füllt man einen starken heißen Minzetee in eine große Schüssel und beugt sich darüber. Ein großes Handtuch über Kopf und Schüssel verhindert, dass der mentholhaltige Dampf in den Raum entweicht. Über die Schüssel gebeugt atmet man mit geschlossenen Augen 10 Minuten lang tief ein.

Ähnlich schleimlösend und zugleich belebend wirkt ein warmes Vollbad mit Minzeöl. Für die Nacht kann man sich bei verstopfter Nase einfach einige Minzezweige neben das Kopfkissen legen oder einige Tropfen Minzeöl auf ein Taschentuch geben.
Bitte beachten Sie, dass Minzeöl, Eukalyptus und Kampfer nur bei älteren Kindern und Erwachsenen angewendet werden dürfen, denn der vom Menthol aus-

SMART

Tipp

> **Starker kalter** Minzetee mit Rotwein gemischt und etwas kohlensäurehaltigem Mineralwasser aufgefüllt (jeweils zu gleichen Teilen), ist ein erfrischendes Sommergetränk für den Abend.

gelöste Kratschmer-Reflex kann bei Säuglingen und Kleinkindern zu Atemstillstand führen! ●

Dekorative Minze

Viele Minzen sind attraktive Stauden, die man auch zum Dekorieren verwenden kann. Ob in der Vase oder auf den Tisch gelegt, im Glas oder auf dem Teller, die hübschen Blätter und Blüten wirken auch optisch erfrischend.

Im August und September wachsen und blühen die Minzen am üppigsten. Jetzt kann man sich auch Sträuße für die Vase schneiden und die grünen Minzezweige mit anderen Blumen kombinieren, z. B. mit Spätsommerblühern wie Schafgarbe, Nesselblättriger Glockenblume, Funkien und Rittersporn oder mit Kräutern wie Dost, Salbei, Wermut und Katzenminze. Auch ohne bunte Blüten wirkt ein Strauß Minze zusammen mit einigen Wildgräsern oder Getreidehalmen sehr apart. Oder man kombiniert Minzen verschiedener Blattfarben und -formen zu einem üppigen Duftstrauß für den Tisch. Die appetitanregende Wirkung wird nicht ohne Wirkung bleiben.

Viel frisches Wasser

Leider lassen manche Minzen nach dem Abschneiden schnell die Köpfe hängen, besonders wenn man den Strauß in die Sonne stellt. Deshalb ist es sinnvoll, einen Schattenplatz auszusuchen und die Stiele nicht zu lang zu lassen. Man füllt die Vase bis zum Rand mit Wasser und gießt nach Bedarf frisches nach. Stellen Sie einen dicken Minzestrauß in eine Vase und schneiden Sie sich davon einige Tage lang einfach die Zweige oder Blätter je nach Bedarf für Tee oder zum Würzen ab.

Kleine Minzesträußchen schmücken und „desodorieren" die Kaffeetafel.

Dekorativ auf dem Tisch

Für eine Tischdekoration in der Sonne wählt man am besten wassergefüllte flache Schalen, in die man Minzezweige legt. Besonders blühende, nach oben gebogene Zweige eignen sich hierfür. Sehr hübsch und erfrischend wirken auch Glasschüsseln oder hohe Gläser auf dem Tisch, die wie Aquarien mit Kieselsteinen, Minzesträußen und schwimmenden Blüten dekoriert werden. Sie können die Minzezweige auch einfach auf den Tisch oder Teller legen oder in die

Ein attraktiver Rosenstrauß mit erfrischender Duftnote

SMART Tipps

› **Minze** in der Vase hält das Blumenwasser selbst von Wiesenblumensträußen zwei bis drei Wochen lang frisch und klar! Auch für den Miniteich, den Zierbrunnen oder das Saunatauchbecken geeignet!

› **Wollen Sie** Speisen mit Minze dekorieren, geben Sie die Triebspitzen, Blätter oder Blüten erst kurz vor dem Servieren zum Essen, damit sie nicht vorzeitig welken.

Serviette falten. Einen rustikalen Holztisch kann man auch mit Minzeblättern vor dem Servieren einreiben. Beachten Sie dabei jedoch, dass die Öle das Holz färben können.

Appetitanregend auf dem Teller

Mit den Blättern und Blüten kann man viele Gerichte und Getränke dekorieren, die man mit Minze gewürzt hat. So sieht ein Kranz aus Minzeblättern am Rand eines Salattellers oder eine einzelne Triebspitze in der Mitte einer Schüssel mit Tsatsiki sehr hübsch und appetitanregend aus. Eine Käseplatte kann man mit blühenden Trieben dekorieren und Meeresfrüchte bekommen mit Minzezweigen eine erfrischende Note. Einzelne Blättchen legt man auf ein Fruchtdessert oder Eis oder schwimmend in Cocktails. Minzeblättchen auf Käsespießchen und anderem Fingerfood sind ein nettes kulinarisches i-Tüpfelchen. ●

Trocknen – so wird's gemacht

Fühlen sich die Minzen in Ihrem Garten wohl, können Sie ab August mit großen Stauden rechnen. Die reiche Ernte sollten Sie trocknen oder einfrieren und sich so einen Vorrat für den Winter zulegen.

Der richtige Erntezeitpunkt

Aromatische Minzeblättchen kann man von Frühjahr bis Herbst sammeln. Die Triebe können Sie bis zu dreimal im Jahr abschneiden. Beachten Sie den richtigen Erntezeitpunkt: Die höchsten Konzentrationen an aromatischen Ölen befinden sich kurz vor und während der Blüte in den oberen Blättern der Pflanzen. In der Sonne wachsende Pflanzen haben zudem morgens mehr ätherische Öle als abends. Zum Trocknen großer Mengen benutzt man am besten den letzten Rückschnitt Ende September, wenn die Pflanzen sehr groß und dicht geworden sind.

Kopfüber trocknen

Morgens, wenn die Blätter vom Tau getrocknet sind, schneidet man dazu die Stängel in Bodennähe ab und hängt sie in schmalen Bündeln umgekehrt zum Trocknen auf. Benutzen Sie dazu Gummiband und kein Garn, denn das Trocknen lässt die Stängel schrumpfen. An einem luftigen schattigen Ort sind die Blätter bei trockenem Wetter nach zwei bis drei Tagen trocken. Wenn sie beim Abstreifen von den Stängeln hörbar rascheln, ist das ein sicheres Zeichen dafür. Sammeln Sie die trockenen Blätter am besten auf einem großen Tablett oder in einer großen Schüssel, damit Sie Verunreinigungen auslesen können. Die ganzen oder zwischen den Händen zerriebenen (gerebelten) Blätter füllt man danach in Dosen oder dunkle Schraubgläser. Vergessen Sie beim Beschriften nicht das Datum und den

Konservierungsmethoden

Für Tees und zum Würzen gekochter Gerichte	Stängel kopfüber trocknen, abgestreifte Blätter licht- bzw. luftdicht verschließen, nach Sorten getrennt in Dosen aufbewahren
Für Salate, zum Drüberstreuen/Bestreuen und Dekorieren	Ganze oder gehackte Blätter in Beuteln oder Dosen portionsweise einfrieren
Für kalte Drinks, Süßspeisen und zum Dekorieren	Ganze Blätter mit Wasser in Eiswürfelbehältern oder -beuteln einfrieren
Zum Aromatisieren von alkoholischen Getränken, Essig und Öl	Ganze Zweige eintauchen und bei Licht zwei bis drei Wochen ziehen lassen, danach entfernen

genauen Namen Ihrer Minze! Gut verschlossen hält sich das Aroma etwa ein Jahr lang.
Sie können die Minzestängel auch im Backofen trocknen. Dazu legt man sie auf ein Backblech und lässt sie bei Umluft (ca. 50 °C, kleinste Stufe) einige Stunden trocknen. Die Ofentür sollte dabei einen Spalt breit geöffnet sein.

Minze richtig einfrieren

Statt sie zu trocknen, können Sie die frischen Blätter auch von den Stängeln zupfen und einfrieren. Ganze Blätter kann man zwischen

An einem luftigen Ort im Schatten trocknen die Minzestängel innerhalb von wenigen Tagen.

> **Achten Sie** beim Ernten darauf, dass immer auch einige Stängel zum Blühen kommen, denn die spät blühenden Lippenblütler sind im Spätsommer wichtige Nahrungsquellen für viele Insekten, besonders für Schwebfliegen und überwinternde Schmetterlinge.

Lagen von Alufolie in einem flachen Karton auslegen und mit einem Nudelholz etwas glatt pressen. Festkleben kann man mit etwas Puderzucker verhindern. Ist der Karton voll, friert man ihn ein. Zur Entnahme nimmt man die gewünschte Anzahl Lagen heraus und lässt die Blätter auftauen, bevor man damit Speisen und Getränke dekoriert. Frische Triebspitzen und Blüten lassen sich auch gut in Eiswürfelbehältern oder Eiswürfeltüten in Wasser getaucht einfrieren. Man verwendet entweder die ganzen Eiswürfel für kalte Getränke oder taut sie auf und entnimmt dann das Pflanzenteil vorsichtig, z.B. mit einer Pinzette. Zum Würzen von Salaten, Desserts und Dips friert man frische ganze oder gehackte Blätter in Gefrierbeuteln ein. ●

Spezial

Infoecke

Bezugsquellen und Museum

▸ **Herb's (Bioland)**
Gärtnerei und Pflanzen-
versand
Alexanderstr. 29
D-27801 Oldenburg
Tel.: ++49/(0)661/882168
www.kraeuterei.de

▸ **Kräuter- und Wild-
pflanzengärtnerei Strickler
(Bioland)**
(Gärtnerei und Pflanzen-
versand)
Lochgasse 1
D-55232 Alzey-Heimersheim
Tel.: ++49/(0)6731/3831
www.gaertnerei-
strickler.de
www.kraeuterhoefe.de

▸ **Staudengärtnerei Dieter
Gaissmayer (Bioland)**
Kräuter und Genießer-
pflanzen
Jungviehweide 3
D-89257 Illertissen
Tel.: ++49/(0)7303/7258
www.staudengaissmayer.
de

▸ **Weinland-Stauden**
Hans Frei (Minze-Experte)
Breitestr. 5
CH-8465 Wildensbuch ZH
Tel.: ++41/(0)52319/1230

▸ **Minzmuseum**
Parkstraße 43
D-82223 Eichenau
geöffnet So 14–16 Uhr
www.minzmuseum.de

Zu den Autoren

▸ **Brigitte Kleinod** ist Bio-
login und Autorin vieler
Gartenbücher. Minzen wer-
den von ihr als erfrischende
Gewürz- und unkompli-
zierte Gartenpflanzen
besonders geliebt, zumal
es viele geeignete Schatten-
plätze in ihrem großen
naturnahen Garten gibt.

▸ **Friedhelm Strickler** ist
Gärtnermeister und Besit-
zer einer Bioland-Gärtne-
rei für Wildpflanzen und
Kräuter mit über 1700
Pflanzenarten. Neben vie-
len anderen Kräutern und
Wildgemüse vermehrt und
züchtet er auch begeistert
Minzen.

Literatur

▸ Dittus-Bär, Renate: Groß-
mutters Kräuterapotheke,
Ulmer 2003

▸ Gaissmayer, Dieter und
Krämer, Reinhold: Minze-
katalog (Eigenverlag Staudengärtnerei Gaissmayer)

▸ Mann, Dirk: Kräutergar-
ten, Kosmos 2003

▸ Jelitto/Schacht/Simon:
Die Freiland-Schmuckstau-
den, Ulmer 2002

▸ Schönfelder, Ingrid und
Peter: Das neue Handbuch
der Heilpflanzen, Kosmos
2004

Bildquellen

Manuela Beck, Augsburg:
S. 16 re, 23 li, 23 Mi, 25 li,
27 Mi
Bildarchiv Monheim: S. 6
Brauner, M./StockFood:
S. 48
CMA Centrale Marketing-
Gesellschaft der deutschen
Agrarwirtschaft, Bonn:
S. 49, 51
DeSanto/StockFood: S. 52
FLORA PRESS: S. 59 (U4 li)
FLORA PRESS/Martina
Schumann: S. 54
Dieter Gaissmayer: S. 25 re
The Garden Picture Library/
Anne Green-Armytage:
Titelbild
GBA/GPL/Eric Crichton:
S. 28/29 (1 li)
GBA/GPL/Clive Nichols:
S. 38 (62 li)

24, 31, 32, 36, 40, 47, 55,
58, 61, 64, U3 Mi
Nils Reinhard, Heilig-
kreuzsteinach: S. 8, 15 li,
17 li, 21 re, 27 re, 34
Heinz Schrempp, Breisach-
Oberrimsingen: S. 15 re
Friedrich Strauß, Au/Hal-
lertau: S. 18, 22, 42, 43
oben, 43 unten, 44/45
(1 re), 57 (63 re)
Friedhelm Strickler:
S. 23 re
Ingo Wandmacher:
S. 53

Alle Zeichnungen fertigte
Maryse Forget, diGraph,
Lahr, nach Vorlagen der
Autoren.

Impressum

**Bibliografische Information
der Deutschen Bibliothek**
Die Deutsche Bibliothek
verzeichnet diese Publika-
tion in der Deutschen
Nationalbibliografie;
detaillierte bibliografische
Daten sind im Internet
über http://dnb.ddb.de
abrufbar.

© 2006 Eugen Ulmer KG
Wollgrasweg 41,
70599 Stuttgart
Internet: www.ulmer.de
E-Mail: info@ulmer.de

Lektorat: Anke Ruf
**Covergestaltung und
Layout:** X-Design, München
DTP: juhu media,
Susanne Dölz, Bad Vilbel
Druck und Bindung:
Litotipografia-editrice
Alcione, Trento
Printed in Italy
ISBN-10 3-8001-4909-5
ISBN-13 978-3-8001-4909-4

Infoecke

Internet-Adressen

Illuscope: U3 re
Brigitte Kleinod: S. 16 li,
17 re, 21 li, 21 Mi, U3 li
Michael Kleinod: S. 13,
19 o ,19 u, 65 li
Hans E. Laux, Biberach/
Riß: S. 9, 25 Mitte, 26,
27 li, 30
Hans Reinhard, Heilig-
kreuzsteinach: S. 2/3
(U2 li + U4 re), 4/5 (U2 re),
7 (62 re), 11, 12 (63 li), 20,

Unter google.de und dem
Stichwort „Mentha" finden
Sie weitere Informationen
zu Minzen. Die besten Min-
zeseiten fanden wir unter:
▸ **www.minzen.com**
▸ **www.plantasia.de**
▸ **www.uni-graz.at**
Informationen zur Ulmer-
SMART-Reihe gibt es
ebenfalls im Internet unter
▸ **www.smart-ulmer.de**

Haftung

Die Autoren und der Verlag
haben sich um richtige
und zuverlässige Angaben
bemüht. Fehler können
jedoch nicht vollständig
ausgeschlossen werden.
Eine Garantie für die Rich-
tigkeit der Angaben kann
daher nicht gegeben wer-
den. Haftung für Schäden
und Unfälle wird aus
keinem Rechtsgrund über-
nommen.

Kluge Tipps für SMART-KIDS
Schlaue Extras

„Nase" werden die berühmten Männer und Frauen genannt, die neue Parfums erfinden. Dazu üben sie jeden Tag Düfte erkennen.

Das könnt ihr auch, wenn ihr ein Spiel daraus macht, die Kräuter mit verbundenen Augen nur mit der Nase zu erraten. Verschiedene Min-

zen erkennen ist gar nicht so schwer, denn sie duften ganz unterschiedlich, wenn man die Blätter zwischen den Fingern zerreibt.